Götz Blome

Bewährung in der Krankheit

Götz Blome

Bewährung in der Krankheit

Verlag Hermann Bauer
Freiburg im Breisgau

CIP-Kurztitelaufnahme der Deutschen Bibliothek

Blome, Götz:
Bewährung in der Krankheit / Götz Blome. –
2. Aufl. – Freiburg im Breisgau : Bauer, 1990
ISBN 3-7626-0296-4

2. Auflage 1990
ISBN 3-7626-0296-4
© 1986 by Verlag Hermann Bauer KG, Freiburg im Breisgau.
Alle Rechte vorbehalten.
Satz: G. Scheydecker, Fotosetzerei, Freiburg im Breisgau.
Druck und Bindung: May + Co, Darmstadt.
Printed in Germany.

Inhalt

Bewährung in der Krankheit

Liebe Leserin, lieber Leser,

dieses Buch ist keine leichte Unterhaltungslektüre, denn es handelt von einem der gravierendsten Ereignisse in unserem Leben: der Krankheit. Da diese aber eine alltägliche Erscheinung ist, sind wir gezwungen, uns ernsthaft mit ihr auseinanderzusetzen. Unser Leben führt uns immer wieder in Aufgaben und Prüfungen, die wir, damit es nicht seinen Sinn verliert, bestehen müssen.

So ist, besonders wenn uns eine Krankheit überfallen hat, die Stunde der Bewährung gekommen: Wir sollen uns nicht nur um körperliche Gesundung bemühen, sondern vor allem die Möglichkeit zu innerem Wachstum nützen. Viele von uns lassen sich, wenn sie leiden, erst richtig gehen, weil sie sich für unschuldige Opfer halten und meinen, sie trügen für ihre Krankheiten keine Verantwortung. In Wirklichkeit aber sind alle unsere Leiden nur der sicht- und fühlbare Ausdruck unseres unwahrhaftigen Denkens, gestörten Fühlens oder falschen Handelns. Sie wollen uns auf unsere Fehler aufmerksam machen und zu einer Änderung motivieren. Wenn wir ihnen ausweichen oder sie ignorieren, verzichten wir auf die Chance, daß sich alles zum Besseren wendet.

Vom Prinzip her bedeutet eine Krankheit etwas ganz Alltägliches, denn sie ist nur eine spezielle Erscheinung dessen, was wir allgemein als *Problem* bezeichnen. Das Gefühl des Leidens – Schmerz, Angst, Verzweiflung –

9

ist stets gleich, unabhängig davon, ob es durch einen schwerwiegenden Verlust, eine persönliche Niederlage oder ein körperliches Gebrechen ausgelöst wird. Es gibt Menschen, die unter einem finanziellen Ruin oder einer Blamage genauso leiden wie andere unter einer schweren Krankheit. Da wir also *Krankheit* und *Lebensproblem* gleichsetzen können, müssen wir ihnen auch stets in der gleichen Weise begegnen: indem wir uns fragen, wodurch wir sie hervorgerufen haben und auf welche Weise wir sie mit persönlichem Gewinn überwinden können.

Solange eine Problematik uns psychisch überfordern würde, wird sie – um uns vor Schaden zu bewahren – vom Unterbewußten zurückgehalten. Erst, wenn wir reif für sie geworden sind und die Zeit für einen weiteren Schritt in unserem persönlichen Wachstum gekommen ist, nimmt sie in unserem bewußten Leben Gestalt an. Dann wird sie zur Bewährungsprobe, der wir uns – jeder auf seine Weise und mit seinen Möglichkeiten – stellen müssen.

Dies gilt besonders für Krankheiten, ob wir sie nun am eigenen Leib erfahren oder in ein fremdes Leid hineingezogen werden. Jedem präsentiert sich das Problem – die Krankheit – auf eine andere Weise, jedem verlangt es eine persönliche Leistung ab: dem Kranken Selbsterkenntnis und Läuterung, dem Angehörigen Barmherzigkeit und Selbstüberwindung, dem Arzt Anteilnahme und Selbstlosigkeit. Und immer geht es darum, das Problem durch bewußtes Leiden so zu lösen, daß man seinen inneren Frieden wiederfindet.

Das bedeutet, daß man sein Leiden nicht verdrängt oder ignoriert, sondern sich mit ihm so bewußt und ehrlich auseinandersetzt, daß man den krankhaften Zustand in sich einfach nicht mehr dulden kann. Daraus ergibt sich dann eine Veränderung in den äußeren

Lebensumständen oder in der inneren Lebenshaltung; der eine findet dabei zur körperlichen Gesundheit zurück, der andere aber gewinnt aus seiner weiterbestehenden Krankheit seelische Kraft und Reife.

In diesem Buch werden bestimmte Situationen, Gedanken und Gesichtspunkte, mit denen sich im Verlauf einer Krankheit nicht nur der Betroffene selbst, sondern auch seine Angehörigen und Ärzte auseinandersetzen müssen, aufgegriffen und erläutert. Es sollen Denkgewohnheiten in Frage gestellt und Wege gezeigt werden, die sich mir in langjährigem Umgang mit kranken Menschen nicht nur als gangbar, sondern geradezu als unausweichlich gezeigt haben.

Unsere übliche Reaktion auf eine Krankheit oder ein Problem besteht ja darin, sofort etwas zu tun, um sie wieder verschwinden zu lassen. Wir greifen reflektorisch zum Medikament oder zum Messer und meinen, wenn wir etwas unsichtbar oder unfühlbar gemacht haben, existiere es nicht mehr. Dabei vergessen wir aber, daß wir als geistig-seelische Wesen einen transzendenten Hintergrund besitzen und diesem Umstand mindestens genausoviel Aufmerksamkeit schenken müssen wie unseren vordergründigen körperlichen Gegebenheiten.

Wer sich gut beobachtet, kann immer wieder feststellen, daß sein sicht- und fühlbar gewordenes Problem, gleich einer aus dem Boden sprossenden Pflanze, zuerst in seinem Inneren tiefe Wurzeln geschlagen haben muß. Wenn wir eine Änderung im Vordergrund, das heißt in unserem täglichen und realen Leben wünschen, müssen wir im Hintergrund, in unserem Inneren, damit beginnen und uns um größere Selbsteinsicht bemühen. Auf der Suche danach aber werden wir wieder auf die Tatsache stoßen, daß es uns, die wir aus einer uns unbegreiflichen Dimension, dem »Jenseits«, kommen und wieder in sie gehen, ohne eine irgendwie geartete Verbindung zu ihr nicht gelingt, ein erfülltes und aufbauendes Leben zu führen – ganz abgesehen von der Unfähigkeit, aus Krankheit und Tod Kraft und Sinn zu gewinnen. Dieser Gesichtspunkt ist von größerer Bedeutung, als mancher Leser auf den ersten Blick meinen wird. Er taucht deshalb als roter Faden immer wieder auf. Ich hoffe sehr, daß er dadurch nicht langweilt oder ermüdet, sondern auf seine große Wichtigkeit aufmerksam macht.

Wir brauchen, um leben (nicht vegetieren!) zu können, einen Sinn. Woher aber sollte er kommen, wenn nicht aus dem Ursprung jeden Sinnes, dem Transzendenten, »Göttlichen«, dessen Bewußtwerdung uns über das Materielle hinaushebt? Das Leben ist keineswegs eine dauernde Mühsal, und sein Sinn besteht auch nicht nur darin, leiden zu lernen, auch wenn hier nur von diesem Aspekt gesprochen wird. Wer in Not geraten ist, mag sie nun Krankheit oder Lebensproblem heißen, muß daraus etwas Positives machen. Das geht nur, indem er sie zunächst einmal akzeptiert, wieder nach der Verbindung zu jener Kraft sucht, die sie ihm geschickt hat, und sich seiner Lebenssituation bewußter wird. Der erste Schritt muß stets nach innen gehen; er bedeutet die Suche nach Sinn und innerem Frieden. Danach kann der zweite erfolgen, der in praktischem Handeln und Behandeln besteht.

Mancher Gedanke in diesem Buch wird vielleicht idealisiert oder überscharf gezeichnet erscheinen. So sollte er dann auch verstanden werden. Es ist mir klar, daß die zum Teil pauschal geäußerte Kritik an der offiziellen Medizin für den oberflächlich Lesenden Ungerechtigkeiten enthält. Um aber gewisse Gesichtspunkte deutlich herausarbeiten zu können, mußte ich oft auf genauere Differenzierung oder Absicherung verzichten. Auch ließ sich manche Wiederholung aus diesem Grunde nicht vermeiden. Die Wirklichkeit unseres vielschichtigen Lebens legt ja ohnehin über die Einseitigkeit unserer Ausdrucksmöglichkeiten eine matte Filterschicht, die Unschärfen und fließende Übergänge hervorruft – für den einen mehr und den anderen weniger.

Wer sich durch die hier geäußerten Feststellungen persönlich angegriffen oder besser: angesprochen fühlt, möge bedenken, daß das seinen Grund haben muß. Ich hoffe, er liest auch diese einleitenden Zeilen, um zu wissen, daß er nicht verurteilt, sondern zum erneuten Nachdenken über seine Situation angeregt werden soll. Auch meine Eigenschaft als Verfasser bedeutet ja keineswegs, daß ich mich jenseits der in diesem Buch behandelten Problematik befinde und deshalb »gut reden« kann. Es geht mir nicht anders als jedem anderen Menschen. Solange wir uns in dieser unserer Welt befinden, sind wir Lernende und Suchende – die vollendeten Meister befinden sich woanders. Wir alle müssen die gleichen Situationen durchlaufen. Unser Leben ist der Weg zum »Heil«.

Partner in der Krankheit

Wer krank ist, begibt sich in ärztliche Behandlung. Das ist üblich und auch richtig, denn die Aufgabe des Arztes ist es ja, Kranke wieder gesund zu machen. Der heutige Patient ist darauf eingestellt, »behandelt« zu werden, das heißt, etwas über sich ergehen zu lassen, was ihn wieder in den früheren, gesunden Zustand zurückversetzt. Er vertraut sich seinem Arzt in einer passiven Haltung an, weil er meint, die Heilung sei dessen Geschäft und er brauche lediglich seine Anweisungen auszuführen, die Medikamente zu nehmen und abzuwarten, bis alles wieder beim alten ist.

Die Realität aber zeigt, daß das nicht genügt. Ist schon die Heilung im üblichen Sinne, nämlich das Verschwinden der vordergründigen Symptome, schwierig und keineswegs die Regel, so wird es erst richtig problematisch, wenn man echte Heilung, das heißt Gesundheit an Körper und Seele wünscht. Das gewöhnliche Rollenverhalten von Arzt und Patient, das in Anweisung und Ausführung, Dominanz und Unterordnung – also in einem Abhängigkeitsverhältnis – besteht, ist dafür ungeeignet, denn eine Krankheit ist ein so tiefgreifendes Ereignis, daß man ihr mit allem, was man ist, kann und hat, begegnen muß – vor allem mit der Bereitschaft, die Verantwortung für sich selbst zu übernehmen.

Das bedeutet, daß man sich davor hüten muß, in Abhängigkeiten zu geraten, weil sie es ja sind, die durch Hemmung der eigenständigen seelisch-geistigen Entwicklung die meisten Krankheiten verursachen, denn Gesundheit bedeutet Selbstverwirklichung – körperlich wie geistig, äußerlich wie innerlich. Wer sich zum Objekt degradieren läßt, kann nicht als Subjekt gesund sein. Daher ist auch die übliche Forderung der Ärzte, daß sich der Patient kritiklos seinen Anweisungen unterwerfen solle, nur in zeitlich begrenzten Ausnahmefällen vertretbar.

In Wirklichkeit betrifft die Krankheit Patient und Arzt in gleicher Weise. Sie macht sie zu Partnern, bindet sie aneinander, bereitet ihnen Leiden und läßt sich nur in ehrlicher und wohlwollender Zusammenarbeit überwinden. Jeder von beiden muß – auf seine Weise – diese schwere Lebenssituation mit ganzem Einsatz und größtmöglicher Bewußtheit durchleben, damit er sich dem anderen verständlich machen und seinen Beitrag zur Lösung des Problems leisten kann. Heilung ist die Wiederherstellung der körperlichen und geistigen Harmonie. Nur wenn Vertrauen, Respekt und Sympathie vorherrschen, kann sie geschehen; Heuchelei, Zwang oder Ablehnung aber verhindern sie.

Entgegen aller schönen Ideale kann übrigens nicht jeder jeden lieben – jedenfalls nicht aus nächster Nähe und persönlich. Die Natur stattet uns mit sinnvollen (wenn auch vielleicht nicht »moralischen«) Anti- und Sympathien aus, die die jeweils richtige Distanz in unseren menschlichen Beziehungen festlegen. Wird die Distanz eingehalten, so sind Wohlwollen, Respekt und Toleranz möglich; wird sie unterschritten, entsteht »böses Blut«. Die Partnerschaft in der Krankheit erlaubt, wenn sie segensreich sein soll, keine große Distanz, und Heilung ist letztlich die Frucht der Liebe. Daher ist es unerläßlich, daß sich Patient und Arzt vor jeder Therapie fragen, ob sie zueinander passen und sich verstehen.

Was ist denn eigentlich ein Arzt? Ist er wirklich dieser selbstlose und mutige Helfer, dieses Vorbild an menschlicher Hinwendung und Mitgefühl, dieser Retter in der Not, der Herr über Leben und Tod, von dem man in den Romanen liest? Kann er das Schicksal bezwingen, wie man von ihm erwartet? Jeder weiß, daß es nicht so ist. Aber in unserer Schwäche und Hilflosigkeit schaffen wir uns tröstliche Trugbilder und pflegen, wenn wir uns selbst verloren oder verraten haben, Hilfe und Rettung von außen zu erwarten. Und da eine Unwahrheit die andere fördert, verführt die Unterwürfigkeit des Patienten den Arzt zur Heldenpose, drängt ihn die mangelnde Selbstverantwortlichkeit des Kranken in eine verantwortungslose Machtrolle, verleiht ihm das Desinteresse des Leidenden an seinem ureigensten Problem eine Kompetenz, die ihm gar nicht zusteht. Unter dem Einfluß der öffentlichen Erwartungen und seiner eigenen Eitelkeit kann er kaum noch zugeben, daß er nicht einmal weiß, wie er seine eigene Krankheit heilen soll, daß er vor Angst und Tod genauso zittert wie seine Patienten. Wie wäre es, wenn sich herausstellen würde, daß er seinem Leben ebenso hilflos gegenübersteht wie sie? Doch wer will das schon wahrhaben? Der Kranke braucht die Illusion vom alleswissenden Retter und der Arzt die Selbstlüge von seiner Könnerschaft. Und so akzeptieren beide die Magie von unverständlichen Diagnosen, hochkomplizierten Untersuchungen und gewagten Operationen, die Suggestion des weißen Kittels, des wissenschaftlichen Ruhmes, des ehrfurchtgebietenden Titels. Sie beide wollen das Podest, von dem aus der große Allwissende den armen, unmündigen Kranken zu kurieren versucht – und bemerken nicht, in welch unheilvollem Maße dadurch eine wirkliche, menschliche Partnerschaft zwischen Patient und Arzt unmöglich wird.

Welcher Arzt hat denn keine Krankheit: keine Schmerzen, keine Frustrationen, keine Depressionen, keine Ängste, keinen Ärger, keine Probleme – körperlich, seelisch oder existenziell? (All dies entspricht ja dem Prinzip der Krankheit. Schmerz ist Schmerz, Angst ist Angst, Leid ist Leid, egal wodurch sie hervorgerufen werden.) Die Frage, wie er mit diesen seinen eigenen »Krankheiten« umgeht und seine persönlichen Probleme meistert, ist von großer Bedeutung, denn sie macht deutlich, ob und in welchem Umfang er überhaupt in der Lage ist, anderen zu helfen.

Statt den Kniefall vor seinem Arzt zu tun, damit dieser ihn heile, sollte der Kranke eine menschliche und ehrliche Beziehung zu ihm aufzunehmen versuchen, damit er an seiner Heilung gleichberechtigt mitwirken kann. Und er sollte sich auch darüber klar werden, was Heilung überhaupt bedeutet. Üblicherweise versteht man darunter das Beseitigen vordergründiger, lästiger Symptome und gibt sich zufrieden, wenn man von seiner Krankheit nichts mehr fühlt oder sieht. Um dies so schnell wie möglich zu erreichen, diagnostiziert und therapiert die moderne Medizin den kranken Menschen nur noch auf dem niedrigsten, materiellen Niveau. Wenn man vom kranken Menschen nur primitive Normen, mechanische Gesetzmäßigkeiten oder seelenlose Laborwerte zur Kenntnis nimmt, wenn man seinen Zustand danach beurteilt, ob er Schmerzen verspürt, seine sozialen Funktionen erfüllt oder das statistisch richtige Alter erreicht, dann wird die Therapie einfach und das Ziel (das man ja von vornherein so niedrig wie möglich gesteckt hat) erreichbar. Dann kann die Medizin mit ihren Erfolgen tatsächlich so zufrieden sein, wie sie es ist.

Je umfassender ein Arzt aber den kranken Menschen sieht, desto geringer werden seine Möglichkeiten, ihm mit dieser Therapie zu helfen. Wenn er auf höchstem Niveau behandeln will (und warum sollte er sich mit dem niedrigsten begnügen?), auf dem Gesundheit menschliches Wachstum, Sinnfindung und Bewußtwerdung bedeutet, dann ist es mit ein paar technischen Maßnahmen und »wissenschaftlichen« Normen nicht mehr getan. Wenn es ihm nicht genügt, Symptome unsichtbar gemacht oder Leben vereinfacht zu haben, wenn er es sich antut, einen Menschen in seiner ganzen Problematik, für die ihm die probaten Lösungsmöglichkeiten fehlen, zu betrachten und Gesundheit und Krankheit als existenzielle Phänomene, dann schwindet die Aussicht auf leichten und garantierbaren Erfolg. Dann wird auch er zum normalen Menschen und ehrlichen Partner seines Patienten.

Wirkliche Gesundheit bedeutet Wachstum. Sie besteht darin, daß wir alles, was unser Leben uns anbietet – Positives und Negatives –, aufnehmen und unseren individuellen Möglichkeiten entsprechend verarbeiten – körperlich wie seelisch. Besonders bezieht sich das auf jene Phänomene, die wir Krankheit, Problem oder Schicksalsprüfung nennen. Sie haben nicht den Sinn, so schnell wie möglich ungeschehen und unsichtbar gemacht, sondern in Entwicklungsimpulse für den Körper oder Erweiterungen des Bewußtseins umgesetzt zu werden. Wir müssen lernen, an allem, was uns begegnet, zu wachsen. Dann wird aus der Krankheit Gesundheit, aus dem Schmerz der Impuls zu einer Korrektur und aus dem täglichen wie dem endgültigen Sterben eine Wiedergeburt.

Liebe Frau ..., lieber Herr ...,

Sie werden sich darüber wundern, daß ich Ihnen Briefe schreibe. Nur ein Rezept auszustellen und es dabei zu belassen, wäre natürlich einfacher, doch so wenig es genügt, wenn der Patient nur seine Medikamente nimmt, ohne sich mit seiner Krankheit auch geistig auseinanderzusetzen, so wenig darf auch der Arzt sich mit Routinetherapien begnügen.

Der Arzt ringt täglich und ununterbrochen um das Verständnis von Krankheit und Gesundheit, Leben und Tod (jedenfalls sollte er es). Er kann sich dabei nicht auf abstraktes Lehrbuchwissen oder schematische Begriffe, wissenschaftliche Bezeichnungen oder technische Werte verlassen, sondern er muß die Krankheit seines Patienten zu seinem persönlichen Anliegen machen, muß sie durchfühlen und durchleben. Sonst hat er keine Beziehung zu ihr, versteht sie nicht und weiß mit ihr nichts anzufangen.

Eine Krankheit stellt vieles, wenn nicht alles, in Frage. Sie bedeutet, daß etwas sich uns in den Weg gestellt hat und den sorglosen, ungestörten Ablauf unseres Lebens behindert. Sie macht uns Schmerzen, Sorgen, Angst und beansprucht unsere Aufmerksamkeit und Kraft.

Jetzt wollen Sie von mir, daß ich Ihre Krankheit beseitige. Das nennt man ja Heilung. Sie wollen nicht leiden und sind der Meinung, daß Ihre Krankheit ein Unglück oder ein Irrtum des Schicksals sei. Ihre Schmerzen, Ihr Unbehagen, Ihre Behinderung sind Ihnen zuviel.

»Machen Sie mit mir, was Sie wollen«, haben Sie gesagt,

19

»Hauptsache, ich bin dieses Übel bald wieder los!« Sie wollen mir Vertrauen schenken und die Verantwortung für Ihre Krankheit übertragen, weil Sie meinen, mein Wissen und Können entscheide darüber, ob Sie wieder gesund werden. Das ist jedoch ein großer Irrtum, denn in Wirklichkeit sind Sie selbst es, von dem Ihre Heilung abhängt.

»Aber«, werden Sie mir jetzt vielleicht entgegenhalten, »Sie haben doch Medizin studiert, nicht ich!«, und fortfahren: »Wenn mir ein Arzt ein Medikament gibt, das mich gesund macht, dann hat doch er mich geheilt, nicht ich, der ich gar nichts davon verstehe!« Oberflächlich gesehen stimmt diese Aussage, und auf dieser Betrachtungsweise gründet sich die Macht der Ärzte und die Unmündigkeit der Patienten. Bei genauerer Betrachtung aber – und dazu will Ihre Krankheit Sie ja anregen – erkennen Sie, daß Ihr Arzt von sich aus gar nichts unternehmen und nur auf das reagieren kann, was Sie ihm mit oder ohne Worte mitteilen. Er hört sich an, was Sie ihm über Ihre Krankheit, Ihr Leben, Ihre Wünsche oder Ängste berichten, er registriert, wie Sie aussehen und sich geben, er erspürt Ihre Ausstrahlung, läßt Sie in Ihrer Ganzheit auf sich wirken – bewußt und intuitiv –, und aus all diesen Informationen, die er von Ihnen bekommt, formt sich in ihm eine Idee, eine Erkenntnis, ein Therapiekonzept.

Wenn Sie ihm zum Beispiel unzureichende oder verfälschte Informationen geben, wenn Sie Widerstände gegen seine Therapie haben oder wenn Sie (natürlich weitgehend unbewußt) gar nicht gesund werden wollen, wird er nicht viel ausrichten können. Damit er Sie heilen kann, müssen Sie in ihm den »Heilreflex« auslösen, der im Wunsch und in der Kraft, Ihnen zu helfen, besteht. Der Arzt kann ja nur das Werkzeug jener Kraft sein, die Gesundheit oder Krankheit bewirkt – nicht aber, wie man in unserem Zeitalter der technischen Machbarkeiten meint, eigenmächtig in das Schicksal des Patienten eingreifen und seine Heilung erzwingen.

Heilung ist in Wirklichkeit eine große Kunst, die nichts mit den »Schema F«-Maßnahmen zu tun hat, die der Medizinstudent an der Universität lernt. Sie ist (und das weiß jeder, der sie einmal erlebt hat) ein Wunder – ein unbegreiflicher Gnadenakt des Schicksals, für den man reif werden muß. Erst wenn Ihr Hilferuf aus ehrlichem Herzen kommt, wenn Sie die Botschaft Ihrer Krankheit angenommen, eine Konsequenz daraus gezogen und aufgehört haben, dem Schicksal Bedingungen zu stellen, können Sie in Ihrem Arzt die richtigen Intuitionen wecken und ihn zu Ihrem Heiler machen. Andernfalls werden seine Bemühungen nur erzwungene und oberflächliche Manipulationen sein, die Ihnen vielleicht momentan gewisse Erleichterungen bringen, dafür aber Ihre Chancen auf eine wirkliche, das heißt Körper und Seele erfassende Gesundung verringern. Solche Pseudo-Heilungen entsprechen dem Pakt mit dem Teufel, der bekanntlich eines Tages für seine Wohltaten die Seele fordert, nicht aber dem Ringen mit dem Schicksalsengel, aus dem man gesegnet hervorgeht.

Sicher wäre es für Sie jetzt leichter, den Kopf in den Sand zu stecken, sich von der Krankheit zu distanzieren und die Behandlung ganz dem Arzt zu überlassen. Und sicher ist Ihnen schon jemand eingefallen, dem Sie die Schuld an Ihrer Misere zuschieben könnten. Dennoch: Wir werden nie aus der Pflicht uns selbst gegenüber entlassen. Alles, was wir fühlen, denken oder tun, beeinflußt unser Leben, bringt uns Glück oder Unglück. Wir müssen nicht nur im richtigen Augenblick richtig handeln, sondern auch, wenn die Zeit dafür gekommen ist, geduldig geschehen lassen können. Es geht um Sie, um Ihr Leben, Ihre Gesundheit, und wenn nicht einmal Sie mit ganzem Einsatz kämpfen, wird es ein anderer erst recht nicht tun.

Sie allein können über sich bestimmen, nicht Ihr Arzt. Sie allein kennen die Wahrheit über sich, wissen um die Gründe Ihrer Krankheit. Wie soll Ihr Arzt wissen, was mit Ihnen los ist, wenn Sie sich selbst oder ihm gegenüber nicht offen sind? Er kann jene innere Verfassung, aus der Ihre Krankheit entstanden ist, nicht nachvollziehen. Er kann Ihnen nur freundschaftlich sein Wissen und Können zur Verfügung stellen, damit Sie sich damit selbst heilen.

Deshalb vergessen Sie nicht: Wir sind Partner. Ohne Ihre Ehrlichkeit, ohne Ihre bedingungslose Lebensbejahung und ohne die Bereitschaft zu jedem Opfer, das Ihnen das Schicksal abverlangt, kann Ihr Arzt Ihrem Heil nicht dienen. Er ist das Medium, durch das die Kraft, die alles bewirkt und die wir »Gott« nennen, ihnen Antwort und Heilung gibt, wenn Sie sie wahrhaftigen und demütigen Herzens anrufen.

Sie allein müssen den Weg wählen, den Sie gehen. Wenn er Ihnen nicht klar ist, so verpflichtet Sie das, sich hierum vor allem anderen zu bemühen. Ihr Leiden zeigt, daß in Ihrer Lebensbilanz ein Defizit entstanden ist, daß Sie nicht so leben, wie Sie sollen, daß Sie sich untreu geworden sind und wichtige Bedürfnisse Ihres Körpers oder Ihrer Seele vernachlässigt haben. Ihre jetzigen Beschwerden sind nur die letzte und unübersehbare Konsequenz dieser lebenswidrigen Entwicklung. Eine Besserung kann nur dann eintreten, wenn Sie den krankmachenden Irrtum in Ihrem Lebens- und Selbstverständnis beseitigt haben und wieder der Stimme Ihrer Seele folgen, die Sie zu Ihrem Heil führen will. Niemand kann und darf Ihnen diese Arbeit abnehmen, denn nur Sie können wissen, was gut und richtig für Sie ist. Suchen Sie es herauszufinden!

Lassen Sie sich jetzt vor allem die Führung Ihres Lebens von niemandem aus der Hand nehmen. Bürden Sie anderen nicht die Verantwortung für sich auf, denn niemand außer Ihnen kann und wird sie tragen. Überlegen Sie gut, ob Sie die Therapie, die Sie bekommen, auch wirklich wollen. Prüfen Sie Ihre Ärzte, ob sie die richtigen Partner für Sie sind, nicht nur hinsichtlich ihrer fachlichen, sondern vor allem ihrer menschlichen Qualitäten.

Denken Sie daran: Wenn Ihre Ärzte, statt sich in Ihren Dienst zu stellen, von Ihnen die Unterwerfung verlangen, wenn ihnen ihr Ruf, ihr Geld, ihre Überzeugungen wichtiger sind als Ihr Wohl, wenn sie sich für unpersönliche Laborwerte, Rönt-

genbefunde oder Statistiken mehr interessieren als für Sie als
ganzen und beseelten Menschen, haben Sie die falschen gewählt,
denn sie werden aus Ihnen einen wissenschaftlichen Fall machen,
Sie therapieren oder operieren, manipulieren oder blockieren,
substituieren oder transplantieren, quälen, entmündigen und Ihr
Recht auf individuelle Lebensentfaltung und ein eigenes Schicksal mißachten. Vielleicht werden Sie auf diese Weise vorüberge-
hend Linderung erfahren, aber die große Chance Ihrer Krankheit, nämlich wieder zu sich selbst und einem sinnvollen Leben
zu finden, wird vorerst vertan sein und Ihnen erst in Form des
nächsten, noch schwereren Leidens erneut gegeben werden.

Wir beide, die wir unter Ihrer Krankheit leiden, Sie als
Patient und ich als Arzt, sind wieder einmal an einen Wendepunkt unseres Lebens geraten. Zwei Wege stehen uns offen: der
ausgetretene und bequeme, auf dem wir weiter gedankenlos
dahintrotten können, oder der neue, unbekannte, der Aufmerksamkeit und Mut verlangt und dessen Ziel wir nicht kennen.
Der alte führt in eine Sackgasse, nämlich ins Leid, von dem
wir jetzt einen Vorgeschmack bekommen haben, der andere
aber in ein neues Leben. Es bleibt uns gar nichts anderes übrig,
als ihn einzuschlagen, wenn wir nicht im Leid versinken wollen.
Das heißt, wir beide – jeder an seinem Platz – müssen uns
wieder auf die bewußte Suche nach der Lebensfreude und dem in
allem wirkenden Sinn machen. Wir wollen auch in dieser
Schicksalsprüfung versuchen, das zu überwinden, was uns
krank und unglücklich macht, und etwas zu finden, das unserem Leben wieder seinen Sinn und unserer Seele ihren Frieden
zurückgibt.

Wir sitzen im selben Boot – Sie und ich –, jeder an seinem
Platz, und keiner kann dem anderen seine Verantwortung
aufbürden. Wenn Sie bereit sind, sie für sich, für Ihr Denken,
Handeln und Fühlen zu übernehmen, werden Sie sich bemühen,
an allem, was Ihnen geschieht, zu wachsen. Das wird Ihnen
weiterhelfen. Sie werden als innerlich freier und gleichberech-

tigter Mensch Ihr Problem zu lösen versuchen und in mir den Partner sehen, der Ihnen seine Möglichkeiten zur Verfügung stellt, nicht aber den Retter, dem Sie sich bedingungslos unterordnen und von dem Sie Ihr Heil erwarten (oder fordern) können. Dann wird aus Ihrer jetzigen Misere ein Erlebnis, von dem Sie später sagen können: »Es war eine schwere Zeit, aber ich möchte sie in meinem Leben nicht missen, denn sie hat mich vorangebracht.«

Auf der Suche nach dem Sinn
der Krankheit

Gesundheit ist richtig und Krankheit ist falsch.
Wer würde sich weigern, dieser These zuzustimmen?
Es wäre ja unnatürlich, denn wir besitzen einen Trieb
zur Selbsterhaltung und Kraft zur Selbstheilung. Was
gibt es Wichtigeres für einen Kranken, als seine Gesundheit wiederzubekommen? Sie bedeutet für ihn das
unbeschwerte Leben, das er gestalten und genießen
kann, wie er will. Seine Krankheit dagegen quält und
behindert ihn und läßt ihm alles sinnlos erscheinen.

Wir könnten uns nach einer so klaren und offensichtlich zutreffenden Aussage weitere Kommentare zu diesem Thema ersparen, wenn uns nicht die Tatsache, daß
wir dennoch immer wieder krank werden, zur Auseinandersetzung damit zwingen würde. Wieso spielt etwas,
das wir eindeutig als »falsch« erkannt haben, eine so
große Rolle in unserem Leben? Was sollen wir davon
halten, daß wir so viele Zeit in diesem sinnlosen Zustand verbringen müssen?

Daß etwas falsch ist, steht außer Frage. Was aber ist
es? Nur unsere Krankheit? Oder könnte es nicht auch
unsere Einstellung dazu sein? Meistens machen wir es
uns ja leicht: Was uns paßt, finden wir richtig, was uns
stört, verurteilen wir. Dabei vergessen wir, daß jedes
Urteil relativ ist und alles unter verschiedenen Blickwinkeln gesehen werden kann. Das mag bei abstrakten
Erörterungen nicht so sehr ins Gewicht fallen, denn
Gedanken tun nicht weh; angesichts unserer Krankheiten aber, die so schwerwiegend in unser Lebensgefühl

eingreifen, spielt es eine entscheidende Rolle, welche Haltung wir einnehmen.

Wenn wir etwas für falsch und sinnlos halten, durchsetzt das damit verbundene negative Gefühl unser ganzes Leben und verdirbt es. Dagegen erhebt und erfreut es uns, wenn wir in ihm einen Sinn sehen können. Objektiv ist es jedesmal das gleiche, subjektiv aber hängt alles davon ab, wie wir darauf reagieren. So ist es unserer freien und selbstverantwortlichen Entscheidung überlassen, ob wir leiden oder nicht.

Wenn wir unserer Krankheit einen Sinn absprechen, machen wir sie erst richtig schlimm, denn die dadurch hervorgerufene Depression verstärkt die krankhaften Erscheinungen und läßt uns alles in noch trüberem Licht erscheinen. Da wir in unserer inneren Haltung einen negativen Kurs eingeschlagen haben, kann sich nichts positiv entwickeln. Sobald wir jedoch unsere Haltung ändern, wendet sich das Blatt. Dann wird aus dem ursprünglich destruktiven Vorgang, den jede Krankheit ja auch darstellt, ein konstruktiver Prozeß, durch den wir, statt zugrundezugehen, in unserer persönlichen Entwicklung vorankommen.

Natürlich kann man aus einer schmerzhaften Krankheit nicht einfach durch inneres Umpolen ein erfreuliches Erlebnis machen, kann nicht positiv denken, wenn nun einmal die schwarzen Gedanken vorherrschen, denn es geht hier um das größte Problem (und zugleich die wichtigste Aufgabe) des Menschen: die Überwindung seiner negativen Haltungen, seines Haderns mit dem Schicksal und die Suche nach dem Sinn seines Lebens. Wenn Ihnen dies nicht schon oft gelungen wäre, lebten Sie nicht mehr, und wenn Sie es auch jetzt wieder schaffen, dann werden Sie Ihre Krankheit nicht mehr verfluchen, sondern sich eingestehen, daß auch etwas Richtiges an ihr ist.

Nichts kann besser sein als es *ist* – es kann aber besser *werden*. Der Versuch, sich mit einer Krankheit abzufinden, bedeutet daher nicht, sie als für immer unabänderlich und unheilbar zu betrachten, sondern zunächst seinen seelischen Frieden zurückzugewinnen, der immer nur im Einverständnis mit der Lebensrealität bestehen kann. Ohne ihn ist eine Besserung des Zustands oder gar eine Heilung nicht möglich. Wenn Sie Ihre Krankheit für jetzt und heute akzeptieren und sich eingestehen, daß sie einen Sinn hat (auch wenn Sie ihn noch nicht erkennen), bekommen Sie die innere Ruhe, um den Weg in die Gesundheit zu finden.

Letzlich läßt sich die Frage nach dem Sinn von Krankheiten und Problemen nur aus einer übergeordneten Sicht beantworten. Sie sind und bleiben ja unangenehm, wie man es auch dreht und wendet. Erst wenn wir uns über sie erheben und sie zu verstehen versuchen, bekommen sie eine andere Qualität und werden zur wertvollen Etappe auf unserem Entwicklungsweg. Dann leiden wir im Kleinen, um der Freude im Großen teilhaftig zu werden. Dieses Große ist unsere Bewußtwerdung, in der wir zu unserer transzendenten und »übermenschlichen« Seite finden.

Wer in seiner Krankheit nur einen sinnlosen und lästigen Vorgang sehen kann, wird sich mit einer oberflächlichen Therapie zufriedengeben. Wenn sie Erfolg hat, meint er, er sei geheilt. In Wirklichkeit aber hat er nur die Fähigkeit verloren, sie zu fühlen und wahrzunehmen. Da sie immer unsere ganze Existenz betrifft, müssen wir uns auf allen Ebenen mit ihr auseinandersetzen – körperlich und praktisch, psychisch und denkerisch, seelisch und »religiös«. Alles, was wir erleben, hat den Sinn, uns zu verändern, damit wir wachsen können. Wenn wir eine Krankheit dafür brauchen, so bekommen wir sie auch, und sie taucht solange immer wieder in den verschiedensten Erscheinungsformen auf, bis sie ihren Sinn erfüllt hat. Je mehr wir sie bewußt ignorieren, desto stärker ziehen wir sie unbewußt an.

So haben gerade Krankheiten wie Krebs oder AIDS für den heutigen Menschen, der das Irrationale und Transzendente so sehr aus seinem Lebensverständnis auszuschalten und alles rational zu beherrschen versucht, in ihrer Unberechenbarkeit und Unbezwingbarkeit eine große Faszination. Sie zeigen ihm, daß sein Leben von einer irrationalen Kraft bestimmt wird. Angesichts ihrer Unbeherrschbarkeit bekommt er wieder das Gefühl für seine Ohnmacht, das er benötigt, um seine seelischen Qualitäten entwickeln zu können und eine Ahnung von der Existenz »Gottes« zu bekommen.

Zweifellos könnten inneres Wachstum und menschliche Reife auch aus körperlicher Gesundheit, nicht nur immer aus Schmerz und Krankheit, entstehen. Doch ist dies für uns meistens noch viel schwerer, weil dafür ein außergewöhnlicher und selten erreichter Grad der Bewußtheit erforderlich ist. Was wir üblicherweise als Glück und Gesundheit bezeichnen, ist meist ja nur das trügerische Ergebnis von Problemverdrängung und Oberflächlichkeit. Die wenigen Augenblicke, in denen wir wirklich die Chance hätten, aus der Nicht-Krankheit oder dem Glück zu wachsen, lassen wir meist ungenützt verstreichen, weil es uns an Einsicht und Kraft dafür fehlt.

Liebe Frau ..., lieber Herr ...,

wenn ein Tier krank wird, verkriecht es sich und fügt sich in sein Schicksal, ohne zu verstehen, was mit ihm geschieht. Wir Menschen aber, die wir mit dem schweren Geschenk der Erkenntnis beladen sind, müssen uns mit allen, was uns widerfährt, bewußt auseinandersetzen. Wir können nichts, wie das »glückliche« Tier, als neutrale Gegebenheit oder blinden Zufall nehmen, sondern müssen zu allem eine Sinn-Beziehung herstellen, damit unser Leben Tiefe bekommt. Wir können zwar nur wenig verstehen, doch um dieses wenige müssen wir uns mit unserer ganzen Kraft bemühen.

Ihre Krankheit, die Ihnen so viele Schmerzen bereitet, Ihre Kraft verbraucht und so gar nicht Ihren Erwartungen vom Leben entspricht, erscheint Ihnen sinnlos. Ist sie das aber wirklich? Ihr Gefühl der Sinnlosigkeit ist ja sicher keine Täuschung, vielleicht aber verstehen Sie es falsch. Könnte es nämlich nicht sein, daß Sie selbst sinnlos sind, weil Sie vergessen haben, daß in allem ein Sinn liegt?

Wahrscheinlich versuchen Sie, ihn durch ein paar einfache und einleuchtende Theorien zu ersetzen, die Ihre Krankheit als Folge einer Infektion oder Abwehrschwäche, einer Funktionsstörung oder Vergiftung, einer körperlichen oder seelischen Verletzung, eines Erbschadens oder einer psychischen Störung erklären, und wahrscheinlich wollen Sie sie durch wirksame Medikamente oder eine Operation rückgängig machen.

Wer wollte dagegen etwas einwenden? Alles hat unter einem bestimmten Gesichtspunkt seine Richtigkeit. Aber lassen Sie sich dennoch fragen, ob diese Betrachtungsweise Sie in die Lage versetzt, in einer Krankheit mehr zu sehen als ein unerfreuliches und sinnloses Übel? (Darauf käme es ja jetzt an.) Letztlich bleibt sie etwas Unbegreifliches. Wir können nur feststellen, daß sie eine Art Gegenstück zu unserem normalen, ungestörten und »gesunden« Leben, gewissermaßen seine andere Seite, darstellt und also auch nicht aus ihm wegzudenken ist.

Daß es richtig und natürlich ist, sich um Gesundheit und Heilung zu bemühen, steht außer Frage, denn immerhin liegt die Sehnsucht danach in uns, und unser Körper besitzt die Fähigkeit zur Selbstheilung. Niemandem würde es einfallen, Ihnen zu widersprechen, wenn Sie erklären, daß nichts über eine gute Gesundheit gehe. Doch daß dies nur die eine Hälfte der Wahrheit ist, wird Ihnen spätestens dann klar, wenn Ihre Krankheit sich nicht oder nur sehr schwer heilen läßt. Dann müssen Sie beginnen, nach einer Erkenntnis zu suchen, mit deren Hilfe Sie trotzdem ein erfülltes und sinnvolles Leben führen können. Wenn Ihre Krankheit eine Realität ist, nützt es Ihnen wenig, wenn Sie irgendwelchen Wunschträumen von Heilung und Gesundheit nachhängen. Im Gegenteil – Sie werden dadurch nur frustriert. Erst aus der inneren Ruhe, aus der Bereitschaft, Ihr Schicksal, wie auch immer es aussehen mag, anzunehmen, können Sie die Kraft für eine Änderung entwickeln. Je hektischer Sie irgendwelchen Therapien nachjagen und je heftiger Ihr – in diesem Moment – unerfüllbarer Wunsch nach Gesundheit ist, desto größer ist Ihr inneres Ungleichgewicht und desto geringer die Aussicht auf Genesung.

Angesichts der Unbegreiflichkeit unserer Krankheit, die ja dennoch eine Wirklichkeit darstellt, müssen wir uns wieder bewußt werden, daß unsere ganze Existenz diese Unbegreiflichkeit besitzt, und dem Irrationalen, Göttlichen oder »Jenseitigen« in unserem Lebensverständnis den ihm gebührenden Platz einräumen. Wenn wir uns ihm verschließen, überfällt es uns in Form von irrationalen Ängsten, um uns im Feuer der Verzweiflung die Augen zu öffnen.

Wir sind nun einmal mehrdimensionale Wesen, haben eine menschliche und eine göttliche, eine rationale und irrationale, eine sterbliche und eine ewige Seite; unser Leben besteht aus Gesundheit und Krankheit, Freude und Schmerz. Wir sterben und existieren doch weiter; wir sündigen um unseres Seelenheils willen und werden krank, um gesünder zu werden. Wie aber wollen Sie darin einen Sinn finden, wenn Sie nur darauf eingestellt sind, ein problemloses, bequemes und sicheres Leben zu führen, wenn Ihr Blick nicht über die Kleinlichkeit Ihres Alltags und irdischen Lebens hinausreicht? Die Angst, in die Ihre Krankheit Sie gestürzt hat, macht Ihnen schmerzlich klar, wie wenig Ihnen Ablenkungen, Erleichterungen, Medikamente oder Drogen nützen, und Sie sehen, wie wenig die ganze Prophylaxe taugt, die Sie mit so großer Überzeugung betrieben haben.

Wir könnten jenen Alchimisten gleichen, die auf der Suche nach dem materiellen Gold in Wirklichkeit das Gold der Selbsterkenntnis und des Verstehens fanden. Doch solange wir versuchen, die Krankheit, dieses Gold der Erkenntnis, das aus dem Dunkel des Unbegreiflichen aufgetaucht ist, schnellstens wieder verschwinden zu lassen, werden wir nie etwas verstehen.

Dieses Verstehen ist aber kein logischer Vorgang, keine Erklärung im Sinne von Ursache und Wirkung, sondern vielmehr ein Prozeß, in dem wir uns allem, was uns das Leben schickt, vorbehaltlos hingeben, in dem wir auf Sicherheiten, Überzeugungen und Hoffnungen verzichten und uns im Feuer unseres Erlebens schmelzen und neu erschaffen lassen. Es ist ein Aufgehen in jenem Geheimnis, das unser Sein bestimmt und uns die Kraft zum Leben gibt. Wir können es in einem Sonnenuntergang oder dem Gesang eines Vogels, der Schönheit einer Blume oder der Herrlichkeit eines Duftes, in der Freude und dem Glück finden – aber auch im Schmerz und im Leid, in einem Unglück oder in einer Katastrophe. Sie alle sind Wahrheiten und Botschaften aus einer anderen Dimension. Sie zeigen uns, wie wenig wir verstehen, und lassen uns die Existenz einer höheren Wirklichkeit ahnen, der wir entgegenstreben und in der unser vorteilsorientiertes Weltbild wenig gilt. Auch unsere Krankheiten, die uns so sehr aus der Bahn unseres gewohnten Lebens werfen, öffnen uns die Augen dafür. Sie lassen uns etwas erfahren, das uns im gesunden Zustand immer verborgen geblieben wäre. Sie lassen uns das Leben mit anderen Augen betrachten und öffnen uns die Augen für die Tiefe unseres Seins. Sie verwehren es uns, immer nur auf die Erfüllung unserer kleinen, menschlichen Wünsche zu hoffen; sie korrigieren unseren Lebensweg und zwingen uns zur Auseinandersetzung mit unserer Ohnmacht und Sterblichkeit.

Ist es wirklich ein sinnloses Unglück, wenn sich unsere Hoffnungen nicht erfüllen, wenn wir nicht geheilt werden, leiden oder gar sterben müssen? Bedeutet dies, daß nun unser Leben, das in diesem Augenblick eine besondere Intensität besitzt, keinen Sinn mehr hat? Denken Sie nur daran, wie oft Sie schon an einem Punkt gestanden haben, an dem alles verloren schien. Und doch ging es weiter, trat Unerwartetes oder Undenkbares ein. Dies waren Momente, in denen Sie erkennen konnten, daß nicht Sie, sondern eine höhere Kraft Ihrem Leben sein Ziel gibt.

Wenn wir krank geworden sind und die dünne Schicht unseres vordergründigen Lebensverständnisses abgebröckelt ist, bleibt uns gar nichts anderes übrig, als uns auf die Suche nach ihr zu begeben. Wenn es Ihnen gelingt, Ihr trotziges Sträuben, Ihr nutzloses Jammern und Ihre kleinlichen Wünsche aufzugeben, wenn Sie sich ihrem Schicksal, das Ihnen jetzt so gar nicht gefällt, vorbehaltlos und vertrauensvoll hingeben, damit es Ihnen etwas offenbart, kehrt der innere Friede in Sie ein. Sie brauchen es nur einmal eine Sekunde lang zu probieren, dann wissen Sie, das dies kein leeres Versprechen ist und Ihre Krankheit einen tiefen Sinn hat, denn sie wird Sie verändern und auf dem Weg zum »Heil« ein gutes Stück voranbringen.

Im Angesicht der Krankheit

Wie verhält man sich angesichts der Erkenntnis, schwer krank zu sein? Es ist ein Augenblick, in dem alles erschüttert wird. Unser Weltbild verliert seine Verständlichkeit, die Zukunft wird zum ungewissen Dunkel und die Gegenwart zur Panikhölle, in der sich die meisten Menschen sogleich fragen, was sie tun können oder müssen, damit wieder »normale« Verhältnisse einkehren. Doch das ist ja bekannt: Aus der Panik heraus läßt sich nichts lösen, und schon gar nicht ein existenzielles Problem.

Daß es an die Grundlagen der Existenz geht, wenn man schwer krank ist, fühlt jeder sofort und instinktiv, allerdings in einer anderen Weise, als es in den primitiven Sensationsbeschreibungen der Illustrierten zu lesen ist. Wessen Lebensverständnis aber von ihnen geprägt ist, der wird in einer Situation von solcher Tragweite nicht bestehen können. Er wird den Irrkreis der Oberflächlichkeit, der in der Frage besteht, wie man sich einer Schicksalsprüfung so schnell wie möglich entzieht, nicht verlassen können und angesichts der Unlösbarkeit dieses Problems verzweifeln.

Wenn uns eine Krankheit überfallen hat, ist ja auch sie unser Leben. Sie ist zwar unangenehm und ungewöhnlich, doch sie stellt eine Realität dar, mit der wir uns auseinandersetzen müssen. Die Panik, in die wir dann verfallen, zeigt jedoch, wie wenig wir darauf vorbereitet sind, daß unser Leben alles andere als sicher und verständlich ist.

Wer nie ein Gefühl dafür entwickelt hat, daß der Tod nicht das endgültige Ende bedeutet, sondern Wandlung, gerät zwangsläufig in Todesangst, wenn bei ihm eine schwere Krankheit diagnostiziert wird. Er kann sie dadurch zu übertönen versuchen, daß er positive Parolen ausgibt und blind auf den Sieg der Ärzte vertraut, oder er kann sich bemühen, in dieser schweren Situation endlich eine Einstellung zu finden, die ihn von seiner Angst vor Tod und Verlust befreit.

Immer wenn etwas Sicheres zerbricht oder wenn wir etwas Gewohntes verlieren, entsteht ein Vakuum in uns, das uns schmerzt. Doch da es in unserer Welt kein Ende und kein Nichts gibt, sondern sich alles stets nur verändert und verschiebt, können wir gerade im Moment des Verlustes erkennen, daß es in Wirklichkeit gar keinen Grund zur Verzweiflung gibt. Vielmehr geht es jetzt darum, einen neuen Sichtwinkel zu finden, der dieser Situation angemessen ist und uns so etwas wie einen tieferen Sinn erkennen oder erahnen läßt. Dazu aber müssen wir uns der Situation stellen – oder es wenigstens versuchen. Jeder Moment trägt seine Wahrheiten in sich, die Frage ist nur, ob wir sie finden.

Wenn wir erfahren, daß wir schwer krank sind, ändert sich mit einem Schlag alles. Die Realität bekommt ein neues Gesicht, doch wer kann behaupten, daß es schlechter sei als das vorherige? Das wird nur derjenige, der aus den ungezählten Zeichen, die ihm sein Leben gegeben hat, nicht erkannt hat, daß hinter allem eine höhere Ordnung steht, die alles nach einem unbegreiflichen Gesetz geschehen läßt.

Im Angesicht der Krankheit erlebt der Mensch hautnah und wirklich das Vorhandensein einer ihm überlegenen Kraft. Sie greift in sein Leben ein und gibt ihm eine andere Richtung. Sie erschüttert sein vordergründiges und brüchiges Selbstverständnis und läßt ihn in die Tiefe jener Dimension blicken, die das Ziel seines Lebens ist. Angesichts des Abgrundes, an dem er steht, muß er eine neue Sicherheit suchen, damit sein Leben nicht seinen Sinn verliert, auch und gerade in diesem Moment der Krankheit. Wenn er sie gefunden hat, kann er sich mit innerer Ruhe und Klarheit um die praktischen Äußerlichkeiten einer Therapie bemühen, denn er wird wissen, daß er eben nicht wissen kann, was ihm bestimmt ist: wieder gesund zu werden, krank zu bleiben oder sogar zu sterben. Er wird sein Schicksal in innerem Frieden vollziehen können, weil er weiß, daß es unabänderlich, unbegreiflich und richtig ist.

Liebe Frau ..., lieber Herr ...,

man hat bei Ihnen eine schwere Krankheit diagnostiziert, und vor Ihrem inneren Auge sind jetzt all die Schrecken aufgetaucht, von denen Sie gehört und gelesen haben – Schmerzen, Elend, Tod. Voller Angst fragen Sie nun: »Was soll ich tun?« und halten sich vielleicht schon für verloren.

Doch zunächst einmal: Was man allgemein in den Zeitschriften und Medien über Krankheiten zu erfahren pflegt, entspricht in erster Linie dem Sensationsbedürfnis jener Menschen, die sich selbst für gesund halten. Ihnen geht es um den Nervenkitzel und nicht um die Wahrheit. Daher malen sie alles in besonders schreienden Farben aus und sind erst zufrieden, wenn sie ihre Phantasie an extremen Ausnahmefällen befriedigt haben. Lassen Sie sich davon nicht ins Bockshorn jagen! Es ist ja keineswegs so, daß jede schwere Krankheit zum Tode führt. Die unzähligen »undramatischen« Heilungen, die jeden Tag und in aller Stille und Selbstverständlichkeit stattfinden, sind kein Thema für die Unterhaltungspresse. Also konnten Sie sie dort auch nicht finden.

Niemand – keine Statistik, kein Lehrbuch, kein Professor kann mit Sicherheit sagen, wie Ihre Krankheit verlaufen wird, denn sie ist ja mehr als ein »Fall«; sie ist der Ausdruck Ihres ganz persönlichen und von niemandem nachvollziehbaren Lebens. Keine Krankheit ist wie die andere, so wie auch kein Leben dem anderen gleicht. Sie ist immer wieder neu und anders und nimmt ihren eigenen, individuellen Verlauf. Es ist immer alles drin, auch die Heilung. Wenn Sie sich jetzt aber

36

einer Panik hingeben, vergeuden Sie die Kraft, die Sie brauchen.

Lassen Sie sich nicht gehen, versuchen Sie zunächst einmal, wieder einen klaren Kopf zu bekommen. Der Schock der Diagnose, die man Ihnen gestellt hat, hat Sie verwirrt. Alle Ihre Ängste, die bisher unbeachtet in Ihnen gesteckt haben, sind aufgestiegen. Versuchen Sie Ordnung in Ihre Gedanken zu bekommen. Warten Sie, bis sich alles wieder etwas geklärt hat. Unter dem Einfluß starker emotionaler Erlebnisse pflegen wir ja die Übersicht zu verlieren und leicht in innere Terrorzustände zu geraten, die der Wirklichkeit nicht gerecht werden.

Wenn Sie sich in einem solchen Zustand befinden, können Sie ihn natürlich nicht einfach abschalten. Aber machen Sie sich zunächst einmal immer wieder klar, daß das meiste von dem, was Ihnen jetzt durch den Kopf geht und Sie terrorisiert, der Ausdruck Ihres momentanen Ausnahmezustandes und nicht ganz ernst zu nehmen ist. Heute können Sie keine Aussagen über die Zukunft machen, also lassen Sie es. Versuchen Sie sich lieber über Ihre momentane Situation klar zu werden, in der das Gefürchtete ja noch gar nicht eingetreten ist. Ihre augenblickliche Not ist nicht die unmittelbare Folge Ihrer Krankheit, denn diese haben Sie schon lange in sich getragen, ohne daß sie Sie wesentlich beeinträchtigt oder verwirrt hätte. Es ist vielmehr die Vorstellung all dessen, was Sie damit verbinden – die Schallplatte mit dem Namen Ihrer Krankheit, die man in Gang gesetzt hat.

Sie fragen: »Was soll ich tun?«, denn Sie meinen, man müsse sofort irgend etwas dagegen unternehmen. Tun Sie nichts in unüberlegter Panik. Beobachten Sie einfach alles, was jetzt in Ihnen geschieht, um zu verstehen, was es bedeutet. Registrieren Sie Ihre Angst, Ihre Hoffnung, Ihre Gedanken und auch die Tatsache, daß Sie jetzt sofort versuchen, sich von Ihrem Problem zu distanzieren, und gehen Sie auf die Suche nach dem Sinn dieser Situation.

Natürlich ist das außerordentlich schwer, doch wie wollen Sie irgend etwas Richtiges tun, wenn Sie keine innere Klarheit haben und nur wie eine am Tage aufgescheuchte Fledermaus umherirren? Ist diese Situation, die Ihnen jetzt vielleicht so außergewöhnlich erscheint, nicht beispielhaft für unser ganzes Leben, für jedes der unzähligen Probleme, die uns täglich den Weg versperren und ohne deren Lösung wir keinen Schritt vorankommen? Ist in diesem Sinne nicht jedes Problem, was auch immer es sei, eine Krankheit, da wir ja darunter, solange wir damit nicht klarkommen, zu leiden haben?

Ihre momentane *Krankheit ist, wie Sie deutlich erkennen können, Ihre Reaktion auf die Hiobsbotschaft – nichts anderes, denn im Augenblick ist die Katastrophe ja noch gar nicht eingetroffen (wer weiß, ob es je soweit kommen wird?). Sie haben keine größeren Schmerzen als vorher, und es ist auch nicht zu erwarten, daß Sie gleich sterben werden. Sie leiden nicht unter der diagnostizierten Krankheit, sondern unter Ihren Ängsten und Vorstellungen. Doch nun fragen Sie vielleicht: »Was nützt mir diese Feststellung, wenn ich meine Angst nicht loswerden kann?« Sie haben recht, Gefühle lassen sich ja nicht einfach aus der Welt schaffen, wenn sie einmal da sind.*

Wir lernen zwar von klein auf, unangenehme Gefühle sofort zu verdrängen und zu überspielen, weil wir, abgesehen davon, daß sie eben unangenehm sind, meinen, daß sie nicht sein dürften und aus unserem Leben verschwinden müßten. Doch Sie wissen ja, daß selbst dann, wenn Sie Ihre Traurigkeit verdrängen würden, diese weiterhin, nur feiner und verborgener, in Ihnen wirken und Ihr Leben durchsetzen würde.

Es hat also keinen Zweck, ein Gefühl zu ignorieren, es hat keinen Zweck, zu versuchen, fröhlich zu sein, wenn man traurig ist, oder sich etwas einzureden, was nicht stimmt. Gefühle sind etwas Seltsames, denn sie haben ein Eigenleben und Macht über uns. Sie tauchen auf, ohne daß wir sie gerufen haben und ohne daß wir uns ihnen widersetzen können – wie Botschaften aus dem Dunkel. Und das sind sie ja auch. Sie sind Mitteilun-

gen aus einer Dimension, die uns rätselhaft ist. Um Gefühle verstehen zu können, muß man sich ihnen hingeben.

Sie werden jetzt von vielen Gefühlen überflutet, die Sie leiden lassen. Wehren Sie sich nicht dagegen, sondern versuchen Sie einmal zu verstehen, was sie Ihnen mitteilen wollen – nicht intellektuell, nicht logisch, sondern irgendwie ganz anders, sozusagen »mit dem Herzen«. Die Erkenntnis kommt von irgendwo und fällt meistens ganz anders aus, als man es erwartet hat. Wehren Sie sich nicht gegen das, was jetzt mit Ihnen geschieht. Es ist eine außergewöhnliche Situation, in die das Schicksal Sie gesetzt hat, und so sollten Sie sie auch sehen.

Widerstehen Sie der süßen, aber verderblichen Verlockung, sich in Selbstmitleid hineinzusteigern. Hüten Sie sich auch davor, jemandem mit Ihrer Krankheit Vorwürfe zu machen und ihn unter Gefühlsdruck zu setzen oder sich an ihm dafür zu rächen, daß er Sie (wie Sie meinen) schlecht behandelt hat. Es fällt nur auf Sie selbst zurück. Bleiben Sie ehrlich. Es geht ums Ganze. Tricks oder Manöver, Rache oder Selbstmitleid, Verbitterung oder Groll können Sie sich jetzt nicht leisten.

»Etwas« ist in Ihr Leben getreten und hat Sie überwältigt. Wir nennen es Krankheit, aber das ist nur ein Name. Es ist etwas anderes, viel Stärkeres. Es ist die Kraft, der wir den Namen Schicksal geben oder auch Gott. Sträuben Sie sich nicht sofort dagegen, es nützt doch nichts, sondern geben Sie sich zunächst einmal hinein. Versuchen Sie, in Ihren Gefühlen zu erkennen, daß dies ein bedeutsamer Augenblick in Ihrem Leben sein kann. Auch wenn er so gar nicht Ihren Wünschen entspricht, wird sich doch etwas daraus ergeben. Wir wissen nicht was, auf jeden Fall aber wird es das Richtige sein. Eine Erkenntnis vielleicht, eine neue Lebenseinstellung oder eine neue Situation. Wenn Sie all Ihre schmerzhaften Gefühle durchfühlt haben, mit dem Wunsch nach innerem Fortschritt oder vielleicht mit Andacht, werden Sie verändert sein.

Sie befinden sich an einem Punkt, an dem das Leben eine andere Richtung eingeschlagen hat, als Sie wollten oder erwarteten. Wir denken ja immer, es müßte ewig so weitergehen wie bisher und meinen, wir selbst seien es, die unseren Lebensweg lenken und von deren Wollen und Können es abhängt, ob er erfreulich verläuft. Doch wie oft geht alles schief, wie oft kommt es anders, wie oft macht uns das Unerwartete einen Strich durch die Rechnung!

Erinnern Sie sich noch?: Die schlimmsten Situationen waren diejenigen, gegen die Sie sich am meisten gesträubt haben. Sie haben Ihnen die größte Gewalt angetan, weil Sie sie durch Ihre innere Gegenwehr dazu gezwungen haben. Können Sie sich aber auch noch erinnern, wie es war, wenn Sie sich einfach in Ihr Schicksal fügten und sich mit dem, was Ihnen als Unglück erschien, abfanden, weil Sie instinktiv wußten, daß Sie doch nichts dagegen tun konnten? Kennen Sie den Moment, in dem man den sinnlosen Kampf aufgibt und sein Schicksal annimmt – nicht, weil man so schwach oder ein Drückeberger ist oder mit seinem Leben nichts mehr zu tun haben will, sondern weil man auf einmal gefühlt hat, daß man gegen eine übermächtige Kraft kämpft? Solche Augenblicke treten ein, wenn man in eine plötzliche Katastrophe verwickelt wird und nicht mehr wie gewohnt reagieren kann. Oder wenn man sich (auch bei kleineren Anlässen) plötzlich besinnt und auf seine Enttäuschung, Traurigkeit oder Wut verzichtet und das Geschehene, das man nun nicht ändern kann, einfach als geschehen hinnimmt und »vergißt«.

All diese Erfahrungen waren Vorläufer der jetzigen. Was Sie damals gelernt haben, sollten Sie auch jetzt anwenden. Sie befinden sich in einer Situation, die Sie momentan nicht bezwingen können. Die geheimnisvolle Macht, die unser Schicksal gestaltet hat, hat Sie in eine Lage gebracht, in der Sie (wodurch auch immer) die Kontrolle verloren haben und leiden. Versuchen Sie auch jetzt, wie schon früher bei vielleicht nicht so ernsten Anlässen, alles, was mit Ihnen geschieht, zu akzeptieren. Sie können nichts daran ändern, wenn es einmal eingetreten ist. Nur sich selbst können Sie ändern.

Das ist Ihre Chance. Sie können – wieder einmal – lernen, Ihr Sträuben gegen die Realität Ihres Lebens aufzugeben. Es ist Ihnen geschickt worden und Sie sollen etwas daraus gewinnen. Aber nur Sie können herausbekommen, was es ist, und nur, indem Sie sich bewußt hineingeben. Vielleicht gelingt es Ihnen dann, darin einen Sinn und Ihren inneren Frieden zu finden und der Zukunft ohne bestimmte Erwartungen entgegenzugehen, alles offenzulassen und sich zu sagen: »Wie es kommt, wird es richtig sein. Ich kann es zwar jetzt noch nicht beurteilen, doch wenn es soweit ist, wird mein Bewußtsein ihm entsprechen, und ich werde, wenn ich will, alles irgendwie verstehen.«

Das ist natürlich alles sehr leicht ausgesprochen. Es in Leben umzusetzen, ist schwer – oft übermenschlich. Doch haben wir eine andere Wahl? Müssen wir diese Haltung nicht jeden Tag beziehen können, wenn wir beginnen, an die Zukunft zu denken? Wenn wir nur Tiere wären, die sich mit unbewußter Selbstverständlichkeit in ihr Schicksal ergeben und alles, was ihnen widerfährt, ohne zu klagen durchleben, brauchten wir das nicht. Doch wir sind ja Menschen, beladen mit einem schweren Geschenk: unserem Bewußtsein.

Wir können uns Vorstellungen von der Zukunft machen, wir können über Vergangenes nachdenken, wir können uns in unserer Ausgeliefertheit gegenüber dem unabänderlichen Schicksal sehen, uns gleichsam in diesem Leben selbst beobachten. Wir haben die Gabe des Widerstandes auch bekommen, damit wir lernen, freiwillig darauf zu verzichten, wenn unser Schicksal es bestimmt. Das Leben verlangt von uns menschliche Größe. Schmerzen ertragen und sterben müssen wir auf jeden Fall, doch es liegt bei uns, ob wir wirklich darunter leiden, denn das werden wir nur, wenn wir uns deswegen dagegen sträuben, weil wir glauben, es dürfte nicht sein.

Es gibt unzählige schicksalhafte Situationen, in denen Men-

41

schen Furchtbares erlebten, ohne in ihrem eigentlichen Kern zu zerbrechen: im Krieg zum Beispiel oder in jenen Notsituationen, in denen sie über sich selbst hinaus gewachsen sind. Dies ist ja der Sinn jeder solchen Situation. Und das Über-Sich-Hinauswachsen bedeutet, daß ein Mensch, ohne zu klagen, das tut, was er in diesem Moment tun muß. Ob er dabei sein Leben behält oder nicht: er wird zum Helden, der nicht wirklich gelitten hat. Immer wieder stellt uns das Leben in solche Situationen, immer wieder gibt es nur diesen einen Weg.

Ihnen geht es jetzt ähnlich. Ob die Diagnose stimmt oder nicht, ob Ihre Krankheit geheilt wird oder nicht, das ist jetzt nicht wesentlich. Diese Fragen werden zu gegebener Zeit entschieden. Jetzt kommt es für Sie nur darauf an, das innere Sträuben aufzugeben, das Ihnen so viel Angst macht, und sich Ihrem Schicksal anzuvertrauen, was auch immer es für Sie bestimmt hat. Sie können jetzt (und Sie müssen es!) lernen, über sich hinauszuwachsen, über die kleinlichen, menschlichen und alltäglichen Wünsche und Ansprüche, selbst über den Wunsch, daß alles schmerzlos verlaufen möge, denn er ist nicht zulässig und wird Sie quälen, weil er gleichzeitig die Angst hervorruft, daß es nicht so sein könnte.

Wenn Sie sich aber mit Ihrer ganzen Ernsthaftigkeit darum bemühen, alles, was jetzt mit Ihnen geschieht, irgendwie zu verstehen und anzunehmen oder einen Sinn darin zu finden, werden Sie keine Angst vor der Zukunft entwickeln können. Ihr Problem liegt in diesem jetzigen Augenblick, und weil Sie sich nicht damit abfinden wollen, müssen Sie darunter leiden. Ihre eigene Einstellung ist es, die Sie zerreißt und verzweifeln läßt. Fragen Sie nicht, wie alles einmal sein wird. Erst wenn es da ist, werden Sie es verstehen (und auch tragen) können.

Sehen Sie genau hin: Ist dieser Moment, diese Sekunde, in der Sie dies lesen, so unerträglich, daß Ihre Kraft nicht ausreicht? Haben Sie jetzt, in dieser Sekunde, in der sie noch atmen, fühlen, denken und leben, wirklich Grund zur Verzweiflung – jetzt in dieser winzigen Sekunde? Und wird sich *an diese winzige Sekunde, in der Sie für einen kleinen Moment erkannt haben, daß es doch irgendwie geht – und gar nicht so schlecht, wie es zunächst schien –, nicht eine weitere Sekunde anfügen? Und daran wieder eine? Haben Sie bemerkt, wie die ungeteilte Aufmerksamkeit, die Sie diesem kleinen Moment gewidmet haben, Sie aus Ihrer Verzweiflung herausgehoben hat?*

Vergessen Sie dieses Erlebnis nicht. Es liegt eine wichtige Wahrheit darin, die Sie brauchen, um Ihr Leben so leben zu können, daß Sie nicht daran scheitern. Sie haben einen winzigen Blick in die Tiefe der Wirklichkeit getan, in der unsere oberflächlichen und törichten Gedanken, Vorstellungen, Erwartungen, Hoffnungen und Wünsche abfallen wie lästiger Ballast; in der wir über uns hinauswachsen und etwas finden können, das die Vergänglichkeit unseres menschlichen Lebens übersteigt. Es läßt sich nicht in Worte oder logische Begründungen fassen, nicht beweisen oder mitteilen. Und doch ist es da.

In dieser schweren Stunde, in der Sie sich jetzt befinden, will sich Ihnen etwas mitteilen, Sie menschlich reifen lassen und Ihnen eine große Chance geben, nämlich trotz aller Unverständlichkeit und Unlogik, trotz aller Schmerzen und Ängste, trotz der scheinbaren Hoffnungslosigkeit und Sinnlosigkeit dessen, was Ihnen geschieht, zu einem Vertrauen in die Kraft zu finden, die sich Ihnen jetzt in Ihrer Ohnmacht offenbart. Immerhin hat sie Ihnen ja auch jene Stunden gegeben, in denen Sie glücklich waren. Damals haben Sie sich auch nicht dagegen gesträubt, obwohl Sie nicht wußten, wozu und weshalb Sie sie bekamen.

Sie können diese Kraft Schicksal, Gott oder Zufall nennen. Der Name ist nebensächlich. Wichtig ist die Tatsache, daß Sie jetzt eine Verbindung zu ihr aufnehmen können, denn jetzt hat sie Ihnen die Schwäche Ihres Willens und die Nichtigkeit Ihrer Wünsche gezeigt. Wenn Sie neues Vertrauen zu ihr gewonnen haben, wenn Sie wissen, daß doch alles einen Sinn hat – auch wenn Sie ihn jetzt nicht verstehen –, dann wird die Krankheit ihren Schrecken für Sie verloren haben. Erst dann haben Sie einen klaren Blick, erst dann können Sie erkennen, was sich machen läßt. Vielleicht ist die Diagnose falsch, vielleicht werden Sie geheilt. Vielleicht auch nicht. Das wird für Sie nicht mehr die entscheidende Frage sein, denn wenn Sie jede Möglichkeit akzeptiert haben, wird sich Ihr Horizont erweitern und Sie Wichtigeres erkennen lassen.

Eines ist auf jeden Fall sicher: Sie können aus der Ordnung Ihres Schicksals, das Sie bis hierher geführt hat, nicht herausfallen. Es wird genauso weitergehen: rätselhaft, unbegreiflich und von einer höheren Macht gelenkt. Diese Gewißheit kann Ihnen die nötige innere Entspannung geben, so daß Ihre Angst und Ihre Schmerzen verschwinden oder erträglich werden. Auch die Heilung Ihres Körpers, mit der Sie eigentlich zuerst beginnen wollten, kann nur aus dieser inneren Entspannung heraus stattfinden.

Angst vor dem Schicksal

Für die meisten von uns wäre es unerträglich, wenn sie ihr Schicksal im voraus kennen würden. Zwar geht mancher zum Hellseher, um die Zukunft zu erfahren, doch eigentlich nur in der Hoffnung, etwas Erfreuliches oder praktisch Verwertbares zu hören. Die Wahrheit will wohl kaum jemand wissen, denn wenn wir schon die meisten unangenehmen Tatsachen unseres derzeitigen Lebens geflissentlich übersehen, wie sollten wir dann das Wissen um ein zukünftiges schweres Schicksal ertragen können? Und obwohl uns bekannt ist, daß wir dem, was uns bestimmt ist, nicht ausweichen können, geben wir uns, als könnten wir die Zukunft frei gestalten.

Die Realität unseres Lebens ist unabänderlich. Niemand kann das Rad der Zeit zurückdrehen oder etwas Geschehenes ungeschehen machen. Zwar können wir uns die verschiedensten Situationen ausdenken, spekulieren oder phantasieren, doch dadurch ändert sich nichts an den Tatsachen, die unser Hier und Jetzt bestimmen. Diese sich in jedem Moment verändernde und entwickelnde Realität, die wir mit einem unserer Vorstellungswelt entsprechenden Sinn ausstatten, ist unser Schicksal. Es ist das »Geschickte«, in das man sich »schicken« muß.

Das aber fällt uns äußerst schwer. Wir sind gewöhnt, uns gegen alles, was unseren Vorstellungen und Wünschen nicht entspricht, sofort zu sträuben, denn wir leben in einer Zeit, in der der Mensch, von seinen technischen Meisterleistungen verblendet, den Blick für seine Grenzen verloren hat. Er mag vielleicht in der Lage sein, eine zuverlässig funktionierende Maschine zu konstruieren oder eine wissenschaftliche Berechnung anzustellen, doch das eigentlich Bestimmende seines Lebens blieb und bleibt ihm immer verschlossen. Es drückt sich in der uralten Frage nach dem Woher und dem Wohin aus, und wenn wir dem nie endenden Warum? konsequent folgen, erkennen wir irgendwann, daß wir, um wirklich verstehen zu können, unseren eigenen geistigen Horizont überschreiten müßten, was ja nicht möglich ist.

Die Frage nach dem Sinn unseres Schicksals ist letztlich unbeantwortbar. Wir finden uns in dieser Welt, in diesem Körper, in dieser Zeit. Warum – wieso – weshalb? Doch all unser Unverständnis ändert nichts daran, daß es sich entwickelt, wie es will. Unsere Lebenswege sind verschlungen und unüberschaubar. Ohne es bewußt zu wollen, tun wir Dinge, durchleiden Situationen, entwickeln Gefühle und produzieren Gedanken. Oft sehen wir den Abgrund vor uns und gehen doch weiter, weil wir müssen, wie die Helden der griechischen Sage, die trotz allen Prophezeiungen ihr oft schreckliches Schicksal minutiös erfüllten.

Alles, jeder Tag und jede Minute, jeder Umstand und jede Situation, ist Ausdruck dieses Schicksals; natürlich auch unsere Krankheit. In ihr erfahren wir unser Ausgeliefertsein besonders hautnah, denn wir werden ja krank, obwohl wir alles Erdenkliche dagegen unternommen haben. Wir erleben sie in unserem Leben, also ist sie unser Leben. Was bleibt uns da anderes übrig, als sie zu akzeptieren?

Mancher meint, es sei ein Zeichen von Schwäche oder Drückebergerei, sein Schicksal oder eine Krankheit zu akzeptieren, statt wild um sich schlagend und sich beklagend dagegen zu »kämpfen«. Abgesehen davon, daß er die Wirklichkeit nun einmal nicht aus der Welt schaffen kann, soll er es doch einmal versuchen! Er wird sehen, wieviel schwerer es ist, eine schwere schicksalhafte Situation wirklich zu akzeptieren (was mehr ist, als sie einfach stumpf über sich ergehen zu lassen), sich gleichsam freiwillig und überzeugt hineinzugeben, auf alle kleinlichen Vorbehalte zu verzichten, sich seinen dabei auftretenden Ängsten auszusetzen und darin nach einem Sinn zu suchen. Es ist fast eine Heldentat.

Eine gegebene Situation als gegeben zu nehmen, bedeutet auch keineswegs, sie damit für alle Zeiten festzuschreiben. Die Zukunft liegt nicht in unserer Hand. Ob wir sie akzeptieren oder nicht: »Es kommt, wie es kommen muß.« Natürlich ist es richtig, sich um eine bessere Zukunft zu bemühen. Wenn wir aber in Klagen über etwas Geschehenes oder in Tagträumereien von einem schöneren Leben versinken, fehlt uns die Kraft und die Aufmerksamkeit, um das Heute zu gestalten. Wie soll ein Mensch denn aus Verzweiflung oder Panik heraus sein Leben bewältigen können?

Unsere Krampfhaltung, unser Nicht-Wahrhaben-Wollen dessen, was nun einmal Wirklichkeit ist, unsere Abwehr gegenüber der Unbegreiflichkeit unseres Schicksals und unser Festhalten machen uns unflexibel und lebensfremd, und unsere Ängste entstehen aus der Unfähigkeit, einen Gefühlsimpuls in Leben umzusetzen.

Angst bedeutet Enge. Enge aber entsteht immer aus dem Mißverhältnis zwischen einem bestimmten Quantum und dem zu seiner Aufnahme vorgesehenen Gefäß. Wer seine innere Flexibilität verloren hat, kann die inneren Impulse und Gefühle, die ihm etwas über sein Leben mitteilen wollen, nicht aufnehmen und ertragen.

Sie überfluten und beherrschen ihn, und der innere Überdruck bereitet ihm Angst und Schmerzen. Auch mangelnde Bereitschaft, sich mit der eigenen Angst auseinanderzusetzen, führt zur inneren Verkrampfung, so daß eine Angst die nächste hervorruft und schließlich die Angst vor der Angst eintritt.

Ein Baum muß sich, um zu bestehen, dem Winde beugen, und wir müssen es ebenfalls in den Stürmen unseres Lebens, zu denen auch Krankheiten und Schicksalsschläge gehören. Wenn wir uns zu sehr dagegen sträuben, zerbrechen wir. Wenn es uns aber gelingt, genau das richtige Verhältnis zwischen Widerstand und Nachgeben zu finden, zwischen Kämpfen und Akzeptieren, dann gelingt uns auch unser Leben. Das Kämpfen und Trotzen, das Widerstreben und Manipulieren lernen wir in unserer am vordergründigen Effekt orientierten Welt zur Genüge. Wenn uns aber die Angst übermannt und wir nicht mehr weiterwissen, dann müssen wir es auch verstehen, uns zu bescheiden und realistisch zu sein und uns daran zu erinnern, daß die Kraft, die uns nach ihrem unerforschlichen Plan bis hierhin geführt hat, es auch weiterhin tun wird.

Liebe Frau . . ., lieber Herr . . .,

*neulich habe ich auf dem Jahrmarkt ein kleines Schild entdeckt.
Es trägt die Aufschrift: LIEBER REICH UND
GESUND ALS ARM UND KRANK!*

*Vielleicht fragen Sie sich jetzt, ob ich mich über Sie in Ihrer
Krankheit lustig machen will. Es zeigt aber so deutlich die
Haltung, die unser normales Leben und Denken charakteri-
siert. Niemand wird Ihnen zwar widersprechen, wenn Sie den
Wunsch äußern, lieber gesund als krank zu sein – am besten
auch lieber reich und glücklich als arm und unglücklich. Aber
es ist nur die halbe Wahrheit.*

*Lieber reich und gesund, lieber keine Schmerzen und keine
Ängste, lieber Glück als Unglück, lieber Sonne als Regen.
Wer würde sich dagegen sträuben? Ja, vordergründig wollten
wir wirklich ein Leben, in dem alles nach Plan läuft, in dem nie
Probleme gesundheitlicher oder sonstiger Art auftreten. Aber
unbewußt suchen wir uns immer wieder die Schwierigkeiten,
weil wir sie brauchen. Es ist ja eine Tatsache, daß unser Leben
aus einer unablässigen Folge von Hochs und Tiefs, Leichtem
und Schwerem besteht, daß auch unsere Probleme und Schmerzen wesentliche Bestandteile von ihm sind. Wir aber wollen nur
reich und gesund sein, das heißt, etwas Wesentliches aus unserem Leben herausschneiden. Wir wollen nur das Licht, nicht
aber den Schatten. Zumindest glauben wir, daß wir das
wollten.*

*Fragen Sie sich einmal ernsthaft, ob Sie all das Unange-
nehme, die Krankheiten und Schmerzen, die Sie bisher erlebt*

*haben, wirklich aus ihrem Leben entfernen wollten oder ob Sie
dadurch nicht eigentlich erst zu dem Menschen geworden sind,
der Sie heute sind; ob sie Ihnen nicht geholfen haben, vieles und
sich selbst besser zu verstehen, ob sie Sie nicht bereichert haben,
und – vor allem – ob Sie sogar jetzt, in diesem Moment, in dem
wieder einmal alles so schwer ist, das Rad der Zeit wirklich
zurückdrehen wollten bis zu dem Punkt, bevor es begann.*

Ich habe noch keinen Menschen getroffen, der das wirklich –
unter Berücksichtigung aller Umstände *– wollte, denn wie
groß die Schwierigkeiten sein mögen – wenn wir uns einer
Situation ganz offen zuwenden, können wir stets feststellen,
daß sie uns trotz der Schwere und der Schmerzen auch etwas
gibt. Wir zweifeln zwar oft daran, ob wir sie bewältigen
können, wir fürchten, daß sie unsere Kräfte übersteigt. Doch
wenn wir die Gewißheit hätten, daß wir es schaffen werden,
würden wir auch auf den großen Berg, der jetzt, in diesem
Augenblick vor uns liegt, nicht verzichten. (Aber diese Gewißheit würde den Wert unserer Leistung schmälern.)*

*Jetzt stehen Sie wieder vor einem Problem: Es ist die Angst
vor Ihrer Krankheit. Sie haben zwar vielleicht gelernt, sie
durch gezielte Entspannung und Autosuggestion aus Ihrem
bewußten Leben zu verdrängen, aber immer wieder steigt sie
aus der Tiefe auf. Sie ist wie die Lava im Inneren der Erde, die
von Zeit zu Zeit in glühenden Eruptionen nach außen tritt. Sie
wollen nichts mit ihr zu tun haben, obwohl sie ein Teil von Ihnen
ist. Sie wollen ihr ausweichen, obwohl auch sie Ihr Leben
ausmacht.*

*Wenn Sie aber aus Ihrem Leben das Unangenehme ausson-
dern, es gleichsam wegschneiden, so wird es unvollständig,
künstlich und verliert seinen Sinn. Wir Menschen unterscheiden
uns ja von der übrigen Schöpfung durch unser Bewußtsein, mit
dessen Hilfe wir die Welt und uns erkennen und sinnvoll finden
können. Es ist unsere oberste Instanz. Jede Erkenntnis, die
wir gewinnen, jeder Sinn, der sich uns offenbart, befriedigt uns
und macht uns stark für den nächsten Schritt in unserem*

Leben. Stellen Sie sich nur einmal vor, ein Leben führen zu müssen, das nur in angenehmen Tagen besteht und daher eindimensional und platt ist. Das Angenehme ist die eine Seite, das Unangenehme die andere. Nur beide zusammen geben ihm seine Plastizität, seine Tiefe und seinen Reichtum.

In Ihrer Angst liegt eine große Kraft, und diese erleben Sie, wenn sie hochsteigt und Sie übermannt. Sie könnten Sie nützen, doch jetzt haben Sie noch zu große Angst vor Ihrer Angst. Sie können sie nicht bändigen, nicht ertragen. Angst bedeutet ja stets Enge. Wir empfinden sie, wenn wir den Kräften, die in uns wirken und sich entfalten wollen, keinen Raum geben können. Dann geht es uns, als versuchten wir, in eine enge Röhre eingeklemmt, uns zu bewegen.

Doch – ist unser Leben nicht einer solchen Röhre ähnlich? Werden wir nicht nach allen Seiten von unserem Schicksal begrenzt, ist es nicht gewissermaßen ein Gefängnis, das uns umgibt, hautnah und auf den Leib geschnitten? Ist es nicht so, daß wir ihm nicht entrinnen können, daß wir, gleichsam in diese Röhre eingemauert, unser Leben aushalten müssen? Und tritt nicht dann die größte Angst und Panik auf, wenn wir versuchen, sie zu sprengen, das heißt uns gegen unser Schicksal aufzulehnen, wenn wir versuchen, auszubrechen und uns zu wehren? Was bleibt uns anderes übrig, als uns ihr anzupassen, da wir nun einmal in ihr stecken, und keine unnötigen, weil nutzlosen Bewegungen zu machen? Können wir aber nicht selbst in einer engen Röhre entspannt und zufrieden leben, wenn wir uns mit dieser unabänderlichen Situation abgefunden haben?

Nur in dem Moment, in dem wir sie als Gefängnis empfinden und meinen, wir müßten »frei« sein, wird sie uns unerträglich. Wenn wir aber erkennen, daß sie uns nun einmal unwiderruflich umgibt, werden wir unsere Kraft nicht im sinnlosen Versuch, sie zu sprengen, vergeuden und im Erlebnis der Unentrinnbarkeit in Panik geraten. Wir können ja nicht verstehen, warum uns diese Röhre, das Schicksal, umgibt. Wir haben nur die Wahl, sie zu akzeptieren und zu versuchen, das Beste aus der Situation zu machen, oder in sinnlosem Widerstand unsere Kräfte zu verbrauchen.

Ihre Angst bedeutet in Wirklichkeit, daß Sie sich gegen etwas Übermächtiges wehren. Es wird Ihnen bewußt, daß Sie jederzeit sterben oder Schmerzen erleiden können, und Sie sträuben sich sofort dagegen. Lieber reich und gesund! Armut, Krankheit und Schmerz dürfen ja nicht sein – obwohl wir wissen, daß sie unverzichtbarer Bestandteil unseres Lebens sind. Wie aber wollen wir in unserer »Röhre« sinnvoll leben? Wir müssen lernen, uns hineinzugeben und auch in den schweren Stunden nach dem Positiven zu suchen. Tod und Krankheit machen auch unser Leben aus. Also geben sie ihm einen Sinn.

Versuchen Sie einmal, mit diesem Bewußtsein an Ihr Leben zu gehen. Wehren Sie sich nicht gleich, wenn es unangenehm wird, sondern sagen Sie sich: Da ich nun einmal in dieser Situation stecke, die ich – zugegebenermaßen – als unangenehm empfinde, bleibt mir gar nichts anderes übrig, als etwas daraus zu machen, was mich bereichert. Wer nur Gold sucht, findet den Diamanten nicht. Wer nur gesund sein will, kann nie die Wahrheit erfahren, die auch in der Krankheit liegt. Der Reichtum unseres Lebens ist sein Sinn, und es verarmt, wenn wir versuchen, ihm seine Schattenseite zu nehmen.

Auch Ihre Angst gehört zu Ihrem Reichtum. Sie ist der Diamant, den Sie wegwerfen, wenn Sie nur nach dem Gold, das heißt dem unbeschwerten Leben, suchen. Alles Schwere, was Sie erlebt haben, all die Gefühle, die Sie bis jetzt unterdrückt haben, all das, was wie heiße Lava in Ihnen ruht und Sie von Zeit zu Zeit überfällt – auch das ist Ihr Reichtum. Er ist Ihr Leben in all seinen Aspekten. Es sind die noch nicht durchfühlten Gefühle, die nicht zu Ende gedachten Gedanken, die Erlebnisse, die Sie nicht erleben wollten. Sie sind Ihre Realität, Ihr Schicksal. In ihnen liegt die Möglichkeit, zu einem tieferen Verständnis zu finden.

Gefühle müssen gefühlt werden. Fühlen Sie Ihre Angst,

fühlen Sie Ihren Schmerz, Ihre Panik! Sagen Sie nicht: das darf nicht sein! – wenn es nun einmal so ist. Sagen Sie nicht: mein Herz dürfte nicht schmerzen, wenn es nun einmal wehtut. Sagen Sie nicht einmal: Ich dürfte eigentlich keinen Krebs bekommen, wenn er ihnen nun einmal vielleicht bestimmt ist, denn dann ist er ja richtig und Ihre Möglichkeit, dem Leben einen Sinn abzugewinnen.

Warum denn nicht eigentlich auch Krebs, warum nicht Herzinfarkt, warum nicht auch arm und krank? Zynische Fragen? Nein, denn sie bedeuten auch: Warum eigentlich nicht das ganze Leben, Licht und Schatten? Warum nicht an ihm wachsen und aus ihm Kraft gewinnen? – Aber das geht natürlich nur aus einem vollständigen Leben, mit seinem Reichtum und seiner Armut, mit Gesundheit und Krankheit – nicht einem verstümmelten. Wer weiß das nicht?

Doch natürlich: In unseren schwachen Stunden sind wir schwach. Wir sind eben keine Übermenschen, sondern müssen in unserer menschlichen Schwäche alles durchlaufen und uns bewähren. Wir müssen, eingezwängt in die Unabänderlichkeit unseres Schicksals, lernen, uns dennoch darin zu entspannen und »richtig« zu fühlen. Irgendwohin führt es ja. Wohin? Keiner von uns weiß es.

Mit jedem Schritt in dieses Ungewisse, unvoreingenommen und mit offenen Augen, in der festen Absicht, darin »fündig« zu werden, erweitert sich unser Blick und nehmen unsere Kraft und unser Verständnis zu. Welchen Sinn es letzten Endes hat, werden wir nie ergründen können, aber für uns geht es vorerst nur darum zu erkennen, daß es überhaupt einen hat und wir nicht, sinnlos in die Röhre eingezwängt, um uns schlagen müssen, sondern daß es uns auf den Leib geschnitten und (unter Berücksichtigung aller Umstände) gar nicht besser sein könnte, als es ist. So, wie wir es erleben, bietet es uns die größten Möglichkeiten, zu reifen und zu verstehen.

Menschen statt Maschinen

Die Wissenschaftsgläubigkeit unserer Zeit hat auch vor der Medizin nicht halt gemacht. Wie in der Technik versucht man, den Menschen und seine Problematik in nüchternen Zahlen und Analysen zu erfassen. Dabei (oder besser dazu) ignoriert man notorisch die allgemein bekannte Tatsache, daß ein lebendiger Organismus mehr ist als die Anhäufung chemisch definierter Substanzen oder physikalisch erklärbarer Vorgänge und daß der Mensch darüber hinaus eine sein eigenes Verständnis übersteigende Eigenschaft oder Seite besitzt, nämlich seine Seele.

Ein wesentlicher Grund hierfür ist die Tatsache, daß es in uns Kräfte gibt, die sich der Manipulation durch menschlichen Verstand und Willen entziehen und im Gegenteil unser Leben unberechenbar und unverständlich machen. Der Wunsch nach Etablierung dauerhafter und sicherer Verhältnisse (die man fälschlicherweise für paradiesisch hält) führt daher notwendigerweise zum Versuch, diese Kräfte auszuschalten. Da dies aber in der Lebensrealität nicht gelingen kann, beschränkt man sich auf unbeseelte Teilgebiete. Nüchtern denkende Wissenschaftler und Techniker legen die Prinzipien fest, nach denen der Mensch und sein Leben, seine Gesundheit und sein Wert zu beurteilen und zu behandeln sind. Das Unsichere, Irrationale, durch das sich menschliche Gefühle ja auszeichnen und weswegen wir sie zu unterdrücken gelernt haben, ist in einer solch sterilen und durchgeplanten Welt verpönt.

Man meint heutzutage, wenn man die genaue Ursache einer Krankheit ergründet habe, könne man sie auch wirkungsvoll bekämpfen. So logisch diese Ansicht auf den ersten Blick erscheint, so oberflächlich ist sie auch, denn wenn wir uns nicht gleich mit der ersten »kausalen« Begründung zufriedengeben, sondern auch für sie wieder die Begründung suchen, so stellen wir fest, daß wir nie an den endgültigen Ursprung kommen, denn er liegt dort, wo unser Verstand versagt: im Geheimnis unserer Existenz. Jeder Begründung entspricht aber eine Konsequenz, was bedeutet, daß mit der Tiefe einer Begründung auch die Reichweite der Konsequenz zunimmt.

Wer den Menschen als Wesen ohne transzendenten Hintergrund betrachtet, sozusagen als Maschine aus Fleisch, und seine Krankheit als Folge eines nachweisbaren Erregers oder einer mechanischen Ursache (wie zum Beispiel eines Virus oder einer anatomischen Anomalität), muß eine Therapie, die sich nur dagegen richtet, für ausreichend halten. Der Erreger wird getötet und das störende Organ entfernt, und schon ist, so meint der naive Betrachter, alles in Ordnung.

Wer sich aber die Mühe macht, alle denk- und beobachtbaren Ursachen und Folgen einer Krankheit zu überprüfen, nicht nur die direkten körperlichen, sondern auch die seelischen, sowie die Konsequenzen für das ganze weitere Leben des Erkrankten und sogar für seine Angehörigen und Ärzte; wer die Fülle der durch sie hervorgerufenen Gedanken, Gefühle und Erkenntnisse berücksichtigt und vielleicht sogar ihren Einfluß auf die ganze Weltgeschichte, und dazu noch all die unermeßlichen Möglichkeiten und Umstände, die wir uns gar nicht ausdenken können, weil sie die menschliche Intelligenz übersteigen, der erkennt, daß sich diese Bekämpfungs- und Korrekturtherapie nur an der äußersten Oberfläche bewegt. Der Tatsache, daß wir Wesen mit einer (immerhin als unsterblich geltenden) Seele, einem Bewußtsein, das ständig nach Erweiterung strebt, und einem geheimnisvollen Schicksal sind, wird dadurch nicht (oder höchstens unbeabsichtigt) Rechnung getragen.

Mag uns die Plattheit eines derartigen Patentdenkens beim Kauf eines Autos oder der Bedienung einer Maschine nicht weiter auffallen – wenn eine Krankheit über uns hereinbricht und wir spüren, daß es ernst wird, zeigt sich jedoch, daß einer solchen Medizin trotz ihrer komplizierten Apparate, modernen Diagnosen, gewagten Therapien und hochgezüchteten Spezialisten das Wesentliche fehlt. Es ist das, was uns zum Beispiel die warme Zuwendung eines einfachen Menschen, der Anblick von etwas unbeschreibbar Schönem, der Gesang eines Vogels, ein erhebender Gedanke, ein bewegendes Erlebnis oder auch ein menschenwürdiges Sterben geben kann.

Ein Mensch, der krank ist, braucht mehr als Wissenschaft und Technik. Sie können zwar Gutes leisten, doch nur als Werkzeuge in der Hand von mitfühlenden und wissenden Ärzten. Diese aber erleben das gleiche wie ihre Patienten und können sie daher verstehen. Sie kennen und akzeptieren ihre eigene menschliche Unzulänglichkeit und ihr Versagen und wissen, daß ihr Können nicht ihr Verdienst ist, sondern einer göttlichen Kraft entspringt, die durch sie wirkt. Dadurch werden sie zu Freunden in der Not. Der Mensch fühlt und leidet, versagt und wird bewußt, lebt und stirbt. Wissenschaft und Technik, Maschinen und Normen können ihm hierbei nur wenig helfen.

Liebe Frau ..., lieber Herr ...,

wenn Sie sich jetzt über die unpersönliche Behandlung in der Klinik beschweren und darüber, daß man Sie wie eine Nummer, ein seelenloses Etwas, abgefertigt und durchgeschleust hat, vergessen Sie bitte nicht, daß Sie sich aus freien Stücken dorthin begeben haben. Sie wollten sich nach dem neuesten Stand der Wissenschaft untersuchen lassen. Sie wollten »Nägel mit Köpfen« machen. Sie wollten wissen, was mit Ihnen los ist und meinten (wie die meisten heutigen Menschen), daß nur ein hochspezialisierter und hochtechnischer Apparat dies feststellen könne. Von einer klaren Diagnose versprechen Sie sich auch einen klaren Weg zur Heilung. Sie meinen, das eine ergäbe sich zwangsläufig aus dem anderen, und wenn die Gründe Ihrer Krankheit offiziell festgelegt seien, könne man erfolgreich therapieren.

Sie wollen mit Hilfe der modernen Wissenschaft Ihre Krankheit verstehen, doch Sie haben dabei etwas Entscheidendes übersehen. Bei Ihrem Besuch in der hochwissenschaftlichen Klinik haben Sie es zu spüren bekommen, denn dort arbeiten Menschen, die sich um strenge Objektivität bemühen, denen es um exakte Werte, Daten und Befunde geht, und die das Subjektive, das Unerfaßbare, das nicht Meßbare zu eliminieren versuchen. Damit aber beseitigen sie genau das, was Sie dort vermißt haben: das Menschliche.

Es ist ja gar kein Wunder, daß Menschen, die den ganzen Tag versuchen, dieses unbegreifliche Phänomen namens Krankheit in ihre Apparate und Normalwerte zu zwingen, eine entsprechende Betrachtungsweise bekommen. Wie sollten sie sonst ihre Arbeit richtig ausführen? Wie sollten sie es ertragen können, Tag für Tag in solcher Menge mit menschlichem Leid und Elend zu tun zu haben? Wie anders sollen sie sich schützen, als daß sie sich dagegen unempfindlich machen? Nur indem sie die Patienten zu neutralen und objektiven Fällen reduzieren, können sie ihre eigenen Gefühle heraushalten.

Aber auch der Patient will meistens nichts mit sich zu tun haben. Er lehnt jene Seite seines Lebens, die Krankheit, Schmerz und Schwierigkeit bedeutet, ab und will nur die angenehme, angeblich gesunde. Er wünscht die »heile Welt«. Er meint, all das Unangenehme dürfte »eigentlich« gar nicht sein und befindet sich dadurch auf der ständigen Flucht vor dem »Uneigentlichen«, nämlich seinem Menschentum. Dieses aber läßt sich nicht verplanen, absichern oder vorausberechnen. Wenn wir auch nicht das Schmerzliche, Furchterregende und Unangenehme, das zu unserem Leben gehört, bewußt zu durchleben versuchen, verlieren wir uns selbst. Wir können unser Schicksal nicht ändern, auch wenn wir noch so große Anstrengungen unternehmen, aber wir können etwas aus ihm gewinnen.

Solange Sie nur versuchen, Ihre Krankheit in eine objektive Diagnose zu zwängen, solange Sie glauben, Ihr Verstand sei in der Lage, wirklich zu verstehen, was da mit Ihnen vorgeht, werden Sie sich natürlich darum bemühen, eine exakte Erklärung und Therapie zu bekommen. Wer aber soll Ihnen diesen Wunsch erfüllen, wenn nicht gerade jene, denen Sie menschliches Desinteresse und unpersönliche Kälte vorwerfen? Sie sind ja wie Sie, denn auch sie finden es richtig, dem Leben seine Unwägbarkeit zu nehmen.

Die moderne Medizin entspricht dem Wunsch des heutigen Menschen. Auch in ihr hat unsere kranke Zeit Form angenommen, denn wenn sie nicht den Erwartungen der Öffentlichkeit entsprechen würde, hätte sie nicht ihre dominierende Position. Diese besteht aber gerade in größtmöglicher Wissen-

schaftlichkeit und unpersönlicher Objektivität. Sie können am eigenen Leibe feststellen, welche Angst und Unsicherheit Ihre Krankheit in Ihnen auslöst, und wie sehr es Sie dagegen beruhigt, daß es Unfall- und Intensivstationen, einen Rettungsdienst und hochspezialisierte Operateure gibt, die das Unmögliche noch möglich machen. Sie können beobachten, wie Sie bei jedem Schmerz, wenn er eine bestimmte Intensität angenommen hat, jeder Unpäßlichkeit, die Sie sich nicht erklären können, und jeder Unnormalität Ihres Körpers oder Lebens sofort nach Hilfe rufen und wie verzweifelt (oder empört) Sie sind, wenn Sie sie nicht bekommen.

Die moderne Medizin entspricht diesem Geist, und Sie wenden sich ja schließlich auch an sie. Sie werfen dem Medizinbetrieb Unpersönlichkeit vor, aber gleichzeitig verlangen Sie Objektivität und technische Manipulierkunst. Sie wollen menschliche Gefühle, aber da Sie es richtig finden, daß die schmerzhaften und unangenehmen ausgeschaltet werden, schneiden Sie sich auch von den beglückenden ab.

Ihre Krankheit wird Sie in manche ungewohnte Situation führen und erkennen lassen, wie verschieden man mit ihr umgehen kann. Bei der Wissenschaft haben Sie kein Mitgefühl gefunden, weil Sie sich selbst nicht in Ihrer menschlichen Verletzlichkeit erfahren wollen. Sie suchen garantierten Erfolg und geplante Sicherheit. Sie verlangen, daß Ihre Vorstellungen und Wünsche Wirklichkeit werden und wollen sich Ihrem Schicksal nicht anvertrauen. Das führt Sie automatisch auf einen Weg, auf dem man versucht, es nach allen Regeln der Kunst auszuschalten.

Das bedeutet natürlich nicht, daß in den Kliniken nur kalte Unmenschen arbeiten und alle Erkenntnisse der modernen Medizin Unsinn oder grundsätzlich schädlich seien. Wenn sie richtig angewendet werden, haben sie, wie alles, ihren Wert, denn sie sind ja nicht falsch. Sie werden nur oft mißverstanden und mißbraucht. In einem medizinischen Großbetrieb, sei es nun eine Klinik oder eine Arztpraxis, ist normalerweise kein

Raum für das unwissenschaftlich Menschliche. Man »schleust Sie durch« und »dreht Sie durch die Mühlen«. Das wollten Sie, deshalb sind Sie dorthin gegangen. Allerdings ist Ihnen dabei auf einmal klar geworden, daß Ihnen damit eigentlich auch nicht weitergeholfen ist. Und wenn Sie sich jetzt zu der angeratenen Operation entschließen, wird die Mühle vielleicht nur ein bißchen weitergedreht.

Falls alles planmäßig verläuft (was auch nicht garantiert werden kann), stehen Sie hinterher aber immer noch am selben und entscheidenden Punkt: nämlich Ihrer Unfähigkeit, Ihr Menschentum zu akzeptieren, das Sie auch in Krankheiten, Probleme und Schicksalsschläge führt. Solange Sie hier keinen Fortschritt erzielt haben, werden Sie immer wieder in Situationen, die der heutigen ähneln, geraten. Das Gefühl der Angst und der Verzweiflung ist stets gleich, egal durch welche äußeren Umstände es hervorgerufen wurde.

Ihr Leben wird weiterhin auf einer menschlich anspruchslosen Stufe verlaufen; Sie werden sich weiterhin abzusichern versuchen, weiterhin Ihre Krankheiten und Schwierigkeiten für sinnlos halten und sich durch Ablenkungen jeder Art von dem in Ihnen liegenden Existenzschmerz, von Ihren Frustrationen, Depressionen und Ängsten zu distanzieren versuchen.

In Ihrer Krankheit liegt eine große Chance, denn jetzt kann Ihnen etwas bewußt werden, was Ihnen Ihr »normales«, gesundes Leben nicht bieten kann. Jetzt können Sie versuchen, ein wenig mehr von sich selbst zu verstehen, ein wenig stärker und menschlicher zu werden. Dann werden Sie allerdings einen anderen Weg einschlagen als den, der Ihnen vom heutigen Zeitgeist angeboten wird, auf dem jedes starke oder schmerzhafte Gefühl und jede schwere Erkenntnis unterdrückt und ausgerottet wird, auf dem man versucht, »Idealzustände« und »Normalwerte« herzustellen und aus dem unberechenbaren menschlichen Leben eine Statistik, eine soziale Funktion oder eine Illusion zu machen.

Es nützt Ihnen nichts, wenn Sie sich beklagen – Sie erleben

Ihr *Schicksal, und wenn Sie bereit sind, in sich hineinzu-horchen, können Sie alles irgendwie verstehen und aus Ihrem Zustand etwas gewinnen. Vielleicht ist es für Ihr inneres Wei-terkommen erforderlich, daß Sie einen Weg beschreiten, von dem Ihnen alle abraten und der nach außen katastrophal er-scheint – vielleicht auch nicht. Wer, außer Ihnen selbst, soll das beurteilen? Auf jeden Fall aber wird er, wenn Sie ihn bewußt und bereitwillig gehen, richtig sein.*

Was braucht ein kranker Mensch?

Was braucht ein kranker Mensch? Dieser Frage geht eine andere voraus: Was ist ein kranker Mensch?

Ein Wesen mit einer ihn belästigenden oder schmerzenden Abnormität, ein interessanter oder schwieriger Fall, das pathologische Ergebnis sorgfältiger Untersuchungen, ein Sammelsurium krankhafter Fakten, ein notwendiger Anlaß zu ärztlicher Therapie, ein willkommenes Objekt ehrgeizigen Forschergeistes, die notwendige und daher willkommene Grundlage der wirtschaftlichen Existenz des Arztes, ein asoziales, weil unproduktives Übel, ein Ärgernis für die in ihrem »normalen« Leben beeinträchtigte Umwelt?

In dieser tendenziösen und überspitzten Form kann man es sicherlich auch ausdrücken, denn allzuoft entsteht der Eindruck, daß der Kranke für seine Ärzte nur ein zu diagnostizierendes und therapierendes Objekt, eben ein »Fall«, und für seine Umwelt ein lästiges und unverständliches Übel sei – was unter einem bestimmten Gesichtspunkt ja auch zutrifft. Der Kranke ist aber meistens auch dieses: ein leidendes Subjekt mit vielen Ängsten, Erwartungen und Vorstellungen, das sich in eine Situation versetzt sieht, mit der es nicht klarkommt. Er versteht nicht, warum er krank werden mußte; er weiß nicht, wie er wieder gesund werden kann. Er fühlt sich gegenüber seiner gesunden Umgebung in einer Außenseiterrolle und isoliert. Vor allem aber hat er das Gefühl für den Sinn seines Lebens verloren, denn er findet es ja sinnlos, krank zu sein.

In seiner Krankheit manifestiert sich die »andere« Seite seiner Existenz, die ihm dunkel, unbegreiflich und deshalb angsterregend erscheint, gegen die er machtlos ist und zu der auch der Tod gehört. Da er diese Seite aber konsequent zu ignorieren und auszuschalten versuchte, weiß er nichts mit ihr und seiner Krankheit, in der sie sich jetzt zu erkennen gibt, anzufangen. Er könnte manchen Schmerz und manche Störung geduldig ertragen, wenn er sie seinem Lebensverständnis einordnen könnte. So aber leidet er Höllenqualen, weil seine zwei Seiten auseinandergerissen sind.

Die eine stellt seine bewußte Haltung zu sich und seinem Leben dar, in dem er auf der Basis logischer Erklärungen versucht, alles so zu gestalten und abzusichern, wie er es momentan für richtig hält. Die andere aber besteht in all dem, was sich seinem Willen und Denken entzieht, was ihn überfällt und überwältigt, was er nicht versteht und doch erdulden muß, und was ihm, wenn er sich dagegen sträubt, Angst macht. Sie bedeutet aber gleichzeitig die Möglichkeit, seinen inneren Horizont zu erweitern und über sich hinauszuwachsen. Sie verschafft uns Zugang zu jener geheimnisvollen und unendlichen Dimension, die jenseits unseres Bewußtseins liegt. Ihr entspringen letztlich alle unsere Krankheiten, denn sie werfen uns aus dem gedankenlosen Trott unserer Gewohnheiten, rauben uns unsere vordergründigen Sicherheiten, zwingen uns zur Revision unserer Einstellungen und motivieren uns zu jener inneren Klärung oder Läuterung, ohne die wir nicht gesund werden können.

Eine Medizin, die diesem Umstand nicht Rechnung trägt, kann dem kranken Menschen nicht wirklich helfen. Sie kann sich hinter objektiven Befunden und Maßnahmen verschanzen, kann versuchen, den ganzen Vorgang wieder ins Unerkennbare zurückzudrängen, doch letzten Endes hinterläßt sie ihn, auf den Gesamtwert seines Lebens bezogen, kränker, als er während seiner offenkundigen Krankheit war. Dies ist nicht als totale Absage an die praktisch diagnostizierende und therapierende Medizin zu verstehen, denn sie hat, wie alles, wenn es sinnvoll eingesetzt wird, ihren unbestreitbaren Wert.

Doch wie in der Musik das Instrument ohne Wert ist, wenn es nicht vom Künstler belebt und zum Ausdruck eines übergeordneten Sinnes verwendet wird, so ist auch die ganze technische und sachliche Routine der modernen Medizin wertlos, wenn sie von Menschen bedient wird, die nicht fühlen, worum es ihrem Patienten geht. Dazu aber müssen sie sich dessen Problematik selbst aussetzen und vor allem ihre eigene »andere« Seite, die sie erst zu Künstlern und Menschen macht, in der ununterbrochenen Suche nach dem hinter allem stehenden Sinn kultivieren.

Wer sich selbst in seinem kranken Mitmenschen wiederfindet, kann ihn verstehen und ihm, der vielleicht manchen schweren Schritt noch nicht getan hat, die hilfreiche Hand reichen. Dies wird ihm aber nur gelingen, wenn er sich nicht hinter sachlichen Aussagen, objektiven Tatsachen oder sozialen Positionen versteckt. Der kranke Mensch hat den Kontakt zu seinem Mensch-Sein verloren und braucht daher einen Menschen, der ihn ihm deshalb wieder vermitteln kann, weil er sich selbst ständig darum bemüht.

Lieber Herr Kollege,

*ich möchte Ihnen den Alptraum einer Patientin schildern, den
sie in einer renommierten Klinik erlebte:*

*Menschen in weißen Kitteln mit sachlichen und uninteressier-
ten Gesichtern; sie wird wie eine Nummer unter unzähligen
anderen behandelt, ohne daß sich jemand wirklich für sie interessiert; man stellt ihr unpersönliche und sachliche Fragen, auf
die man bestimmte Antworten zu erwarten scheint und die
man mit »Aha« und »Soso« quittiert; sie ist durch die geschäf-
tige Unnahbarkeit ihrer Untersucher und die kühle, imponie-
rende Atmosphäre der Klinik so eingeschüchtert und ver-
schreckt, daß sie ihre Beschwerden und Sorgen nicht in der
richtigen Weise zu schildern wagt; offenbar will sie auch
niemand hören, sondern man ist nur an den Daten der Labors
und Apparate interessiert; der berühmte und verehrte Chef
schließlich wirft nur einen Blick auf Akte und Untersuchungs-
ergebnisse, stellt ein paar unpersönliche Fragen, sieht sie prü-
fend und sachlich an, begutachtet die krankhafte Veränderung
an ihrem Körper und eröffnet ihr plötzlich ihr Todesurteil. Er
sagt zwar nur, daß ihre Krankheit ernst sei und man mit dem
Schlimmsten zu rechnen habe, daß sie sich einer Operation und
Spezialtherapie unterziehen müsse und daß sie, wenn sie eine
Chance haben wolle, sich genau an seine Anweisungen halten
müsse. Doch für sie ist es ein Keulenschlag, der noch heute
wirkt.*

*Lieber Herr Kollege, ich weiß zwar, daß dies die einseitige
Schilderung einer Patientin ist, der sicher manche Objektivität*

fehlt – aber so hat sie *die Untersuchung bei Ihnen erlebt. Der Schreck, den sie bei der Eröffnung der mutmaßlichen Diagnose und Prognose bekam, hat ihren Zustand erheblich verschlechtert. Das zwingt uns zum Nachdenken.*

Jeder Therapieversuch ist von vornherein zum Scheitern verurteilt, wenn er den Patienten seelisch schädigt. (Diese Feststellung bestreitet nicht den Wert eines aufrichtigen und ernsten Wortes, das ihn aufrütteln und zu Bewußtsein kommen lassen soll.) Er kommt ja immerhin als Mensch in die ärztliche Untersuchung, als seelisches Wesen, mit einer Fülle von Ängsten, Erwartungen und Vorstellungen. Auch sie bedingen seine Krankheit, nicht nur die »objektiven« Befunde, auf die man sich so gerne zurückzieht. Von seiner inneren Verfassung hängt es letztlich ab, ob auch die körperliche Krankheit geheilt werden kann.

Wenn er sich aber zum Fall degradiert sieht, der bei seinem Arzt nur fachliches Interesse auslöst, wenn er zu ihm keine persönliche Beziehung aufnehmen und sich ihm anvertrauen kann, wenn er von seinem Auftreten und Gehabe so eingeschüchtert ist, daß er sein Herz nicht zu öffnen wagt – oder kurz gesagt: wenn er statt auf einen Menschen mit menschlicher Anteilnahme auf eine wissenschaftliche Kapazität, einen sachlichen Technomediziner oder eine autoritäre Respektsperson trifft, wäre es besser für ihn, er wäre erst gar nicht dorthin gegangen.

Krankheit ist eine ganz und gar persönliche Angelegenheit. In ihr drückt sich die Gesamtheit eines Menschen, seine Gefühle und seine Bewußtseinslage, seine Biographie, sein Glauben, seine Ängste und Illusionen aus. Der sogenannte objektive Befund ist nur ein Teilaspekt und für den leidenden Menschen von untergeordneter Bedeutung. Sein Schmerz ist subjektiv, nicht objektiv. Er erlebt in seiner Krankheit eine Bewußtwerdung; es wird ihm etwas klar – doch meistens steht er diesem Erlebnis hilflos gegenüber. Daher braucht er in erster Linie einen Arzt, von dem er sich in seiner ganzen Misere verstanden fühlt, der ihm das erschütterte Vertrauen in sein Schicksal zurückgibt, was er nur kann, wenn er selbst es hat.

Der kranke Mensch braucht eine Atmosphäre, in der er fühlen und hoffen kann – trotz seines Leidens. Er braucht eine innere Sicherheit, die ihm keine noch so perfekte Maschinerie und kein noch so berühmter Spezialist vermitteln kann. Wenn er sich als Mensch unter Menschen fühlt, die ebenso fehlbar sind wie er selbst und die sich ebenso wie er bemühen, ihre Arbeit so gut wie möglich zu tun, und mit denen er sich angesichts der Unberechenbarkeit des Schicksals verbunden fühlt, kann er das Vertrauen zurückgewinnen, das ihm verlorenging, als er sich seiner Krankheit und Sterblichkeit bewußt wurde. Erst dann hat auch die objektive Behandlung wirklich Aussicht auf Erfolg.

Es ist zwar verständlich, wenn sich ein Arzt angesichts der heutigen Rechtslage dadurch absichert, daß er dem Patienten auch die schlimmste Konsequenz schildert, um nicht den Vorwurf zu bekommen, er habe etwas übersehen oder einen Kunstfehler gemacht. Doch wenn er in ihm durch psychologisch ungeschicktes Verhalten, durch allzugroße Sachlichkeit und allzuwenig Menschlichkeit Angst, Unsicherheit und Verzweiflung auslöst, so ist das mit Sicherheit der größte und erste Kunstfehler, den er begehen kann. Der Geist unserer heutigen Medizin, der überwiegend in Sachlichkeit, Objektivität, technischer Perfektion und Wissenschaftlichkeit besteht, ist in diesem Sinne ein gigantischer Kunstfehler. Wenn es um Menschen geht, gelten andere Maßstäbe als in Technik und Wissenschaft, auf die unsere Medizin so stolz ist; hier muß sich Objektives dem Subjektiven und das Technisch-Materielle dem Geistig-Seelischen unterordnen. Der in ihr wirkende Geist ist es ja, von dem es abhängt, ob eine Therapie segensreich wirkt oder nicht.

Der Alptraum von Frau . . . ist kein Einzelphänomen. Oft wagen es Patienten ja nicht einmal, sich ärztlichen Eingriffen zu widersetzen. Ich werde öfters von ihnen gefragt, ob sie zum Beispiel das Recht hätten, eine Operation abzulehnen. Allzuoft lassen sie sich behandeln oder operieren, nur weil die Autorität des Arztes ihnen Angst einflößt oder weil man sie mit Statistiken und theoretischen Prognosen in Panik versetzt und entmündigt hat. Sie sehen sich mit Recht der Allmacht der Ärzte ausgeliefert, statt von ihnen verstanden zu werden.

Lieber Herr Kollege, vielleicht fühlen Sie sich angesprochen. Wir alle müssen uns immer wieder in Frage stellen.

Eine andere Medizin

Die Kluft zwischen moderner, chemo-technischer und althergebrachter natürlicher Medizin hat in unseren Tagen bedeutend zugenommen. Zwar bestand sie schon zu Zeiten von Paracelsus und Hahnemann, deren streitbare Schriften verblüffend an heutige Verhältnisse erinnern, doch entfernt sich die offizielle »Schulmedizin« in ihrer unaufhaltsamen Suche nach noch kleineren Details und verwegeneren Machbarkeiten immer mehr vom einfachen Lebensverständnis des sogenannten gesunden Menschenverstandes.

Die große und umfassende Gesamtschau, in die sich alles, was unser Leben und unsere Gesundheit betrifft, einordnen läßt, wird dem begrenzten Spezialwissen geopfert, aus dem heraus jedoch niemand ein existenzielles Problem lösen kann. Vor allem verliert man dabei das Gefühl für die Eingebundenheit in eine größere Ordnung, das allein dem Menschen die innere Ruhe und Zuversicht seiner Zukunft gegenüber, mag sie aussehen wie sie will, geben kann.

Der Kranke sieht sich, wenn er sich in medizinische Behandlung begibt, nur allzuoft wie in einem kafkaesken Alptraum einer Maschinerie gegenüber, die ihn als persönlich leidendes Individuum gar nicht zur Kenntnis nimmt, sondern eher auf perfektes und vorprogrammiertes Funktionieren ausgelegt zu sein scheint. Er wird einem System unpersönlicher und objektiver Datenerfassung und -verarbeitung ausgeliefert, von einem Spezialisten zum anderen geschickt, durch komplizierte

Apparaturen analysiert und einer gerade modernen Operation oder Therapie unterzogen.

In Jahrhunderten gewachsene, praktisch bewährte Erfahrungen aber werden mit einem mitleidigen Lächeln abgetan, weil die jeweils herrschende Wissenschaft sie noch nicht »beweisen« konnte. Die persönliche und menschliche Zuwendung durch den Arzt ist der sachlichen, normgerechten und sterilen Behandlung durch den spezialisierten Spezialisten gewichen. Wo, so fragt man sich bei dieser Bilanz unwillkürlich, bleibt da der Trost und Hilfe suchende Mensch, dieses Wesen aus Körper, Geist und Seele, das in seiner Ganzheit erkrankt ist?

Zwar ist manches daran überzeichnet dargestellt, wie das immer der Fall ist, wenn man einzelne Aspekte unter die Lupe nimmt, und sicher wird es auch nicht jeder Patient so kraß empfinden. Doch der große Trend zur unpersönlichen, exakten und technisch perfekten Medizin ist unverkennbar, denn er entspricht dem Geist unserer Zeit. Auch hier gilt das Gesetz von Angebot und Nachfrage. Wollte der heutige Patient eine andere Medizin, dann bekäme er sie auch. Doch er findet es richtig, nach den modernsten Erkenntnissen der Wissenschaft behandelt zu werden. Dabei nimmt er die Tatsache, daß die meisten modernen Therapien nach einiger Zeit wegen ihrer inzwischen erwiesenen Schädlichkeit wieder aus der Mode gekommen sind und daß er selbst in seiner eigentlichen Substanz verkümmert, gar nicht zur Kenntnis. Zum modernen Leben gehört eben eine moderne Medizin.

Doch die zunehmende Morbidität ganzer Völker, begonnen bei den modernen Seuchen wie Krebs, AIDS und was sonst noch kommen wird, und noch längst nicht endend mit der Unzahl psychischer Erkrankungen, stimmt manchen nachdenklich. Je mehr sich die

Schulmedizin von der natürlichen Basis des Menschen entfernt, desto lauter wird der Ruf nach einer Rückkehr. Er hat mancherorts schon zu Änderungen geführt, wenn auch nur in kleinen Kreisen. Die große Trendwende wird aber nur stattfinden, wenn sie von der Basis her, vom Patienten selbst, gefordert wird. Letzten Endes muß er selbst sagen, welche Medizin er haben will. Erst wenn er sich nicht mehr nur vom technischen Fortschritt faszinieren läßt und sich wieder auf seine natürlichen Bedürfnisse und Lebensgrundlagen besinnt, wird er auch eine andere, menschlichere Medizin finden.

Liebe Frau . . ., lieber Herr . . .,

sicher ist es Ihnen schon aufgefallen: Wenn Sie zu fünf Ärzten gehen, bekommen Sie fünf verschiedene Antworten, Diagnosen oder Therapievorschläge, denn Sie haben es mit fünf verschiedenen Menschen zu tun, die das Problem jeweils auf ihre Weise sehen und angehen. Das verunsichert jeden, der der Meinung ist, die Medizin sei eine exakte Angelegenheit.

Zwar bemüht sich die offizielle Wissenschaft, auch aus dem Menschen ein berechenbares und steuerbares Objekt zu machen. Sie will alles normieren und objektivieren, allgemeinverbindliche Regeln und Kriterien schaffen und jede Unklarheit ausmerzen. Doch der Mensch (um den es hier ja geht) ist kein industrielles Massenprodukt, das von einer Maschine unter exakten Bedingungen hergestellt wurde. Er ist individuell, einmalig und jedesmal neu. Wir haben zwar in den groben, allgemeinen Aspekten eine gemeinsame Struktur, doch das, was uns belebt, beseelt und bewußt macht, trägt sein eigenes Gesetz in sich – so wie es kein menschliches Schicksal gibt, das dem anderen gleicht.

Der Mensch ist ein Kunstwerk, geschaffen von jener unbegreiflichen Kraft, aus der jede Kunst entspringt. Sein Leben, sein Selbstverständnis, sein Fühlen und Leiden – alles dies entspricht der Einmaligkeit und Unwiederholbarkeit eines Kunstwerkes. Wie soll man ihm mit einer allgemeinen Norm und festen Regeln gerecht werden? Die soziale Produktionsgesellschaft kann vielleicht nicht darauf verzichten, den Menschen als unpersönliches Rädchen einer großen Maschinerie zu betrachten. Die Medizin aber, die mit dem Menschen an sich zu tun hat, die ihn in seiner Schutzlosigkeit und Schwäche erlebt, darf das nicht. Natürlich weist unser Organismus allgemeingültige Merkmale und Gesetzmäßigkeiten auf, denen auch die Therapie Rechnung tragen muß. Aber wenn sie sich nur auf sie beschränkt, wird sie dem eigentlichen Teil des Menschen, seinem individuellen Selbstverständnis, seiner Bewußtseinslage und seinem Lebensgefühl nicht gerecht. Sie degradiert ihn zur Maschine und zum Routinefall und schädigt ihn in seinem eigentlichen Menschsein.

Wenn Ihnen klar ist, welches Kunstwerk Sie darstellen, werden Sie es auch angemessen finden, von einem Künstler behandelt zu werden. Wem würde es einfallen, ein Klavierkonzert von einem elektrischen Klavier oder ein Gemälde von einem Computer ausführen zu lassen? Und so wie zum Beispiel ein Musikstück vom Künstler immer wieder neu interpretiert und zum Leben erweckt werden muß, so muß auch der Mensch (vor allem, wenn er krank ist) immer wieder neu erfühlt, verstanden und behandelt werden. Dann kann sich sein Wesentliches entfalten, dann kann er sich in allen seinen Seiten, nicht nur der körperlich-materiellen, erfahren und ein Gefühl für sich entwickeln.

Sie haben die Wahl zwischen einer Medizin, die Sie sachlich und nach den Erkenntnissen der modernen Naturwissenschaft behandelt, die technische Meisterleistungen und verblüffende Soforteffekte hervorbringt, die sich aber für Sie als Mensch, als Individuum, als seelisch-geistiges Wesen, als transzendentes Phänomen, als unbegreifliches Kunstwerk wenig interessiert — ja, die sogar versucht, die ganzen Unberechenbarkeiten und Unsicherheiten, aus denen Ihr Schicksal und Ihr Sinn bestehen, auszuschalten. Bei ihr dürfen Sie nicht aus der Norm fallen: Ihre Laborwerte und Ihre Organe müssen normal sein, Ihre Lebenserwartung, Ihre Arbeitsleistung und Ihr Verhalten dem Durchschnitt entsprechen. Sie dürfen nicht sterben und sich nicht Ihrer Krankheit bewußt werden. Sie werden von ihr an

Ihre irdische, materielle Existenz gekettet, so wie sie selbst sich nur auf das Faßbare, »Logische«, Meß- und Beweisbare beschränkt. Sie wird Ihnen sicher Ihre Schmerzen nehmen können, Ihre Organe reparieren oder erneuern, Ihr Leben verlängern – aber sie wird Ihrer menschlichen Individualität, Ihrem Schicksal und Ihrer Suche nach einem Selbstverständnis hilflos gegenüberstehen. Sie werden blockiert, supprimiert, manipuliert, operiert. Ihre Seele wird ausgeschaltet, Sie werden sediert, reduziert und resozialisiert, von Spezialisten und Wissenschaftlern, die gerade noch ihr kleines Teilgebiet beherrschen und den Menschen und seine Krankheit ihm einzuordnen versuchen.

Sie müssen entscheiden, welchen Weg Sie gehen wollen. Wie wäre es, wenn Sie auch Ihre eigentlichen menschlichen Bedürfnisse, Ihre Seele, Ihr Lebensgefühl dabei berücksichtigten? Wenn Sie sich dem geheimnisvollen Erlebnis, das wir Krankheit nennen, stellen und auch ihm einen Sinn zugestehen würden? Wenn Sie sich eine Medizin suchen würden, die Sie in Ihrer Ganzheit, in Körper und Seele, behandelt und grundsätzlich bereit ist, sich dem Schicksal, der Natur, Gott, der kosmischen Kraft, oder wie auch immer Sie es nennen wollen, zu unterwerfen?

Eine solche Medizin sieht ja keineswegs untätig zu, wenn Sie leiden oder steht Ihren Problemen hilflos gegenüber. Im Gegenteil, weil sie Ihren beiden Seiten – der irdischen und der transzendenten – gerecht zu werden sucht, kann sie Ihnen das bieten, was Sie in Ihrer Eigenschaft als einmaliges beseeltes Kunstwerk benötigen. Es fällt ihr zwar nicht ein, Sie »wiederzubeleben«, wenn Ihre Seele den Körper bereits verlassen hat; sie hat keine Intensivstationen mit lebensverlängernden Maschinen, die aus Ihnen ein vegetierendes, halbtotes Etwas machen, keine sensationellen Operationen, mit denen sie Ihnen fremde Organe einpflanzt und einen »neuen« Menschen aus Ihnen macht. Sie bringt es nicht zuwege, aus Ihnen einen hilflosen Krüppel zu machen, wenn Sie nach einem schweren Unfall normalerweise gestorben wären, und sie ist auch nie auf die Idee gekommen, Menschen künstlich zu produzieren. Aber sie versucht, Ihre natürlichen Lebenskräfte wiederherzustellen, Ihrem Körper zur – je nach Situation – optimalen Funktion zu verhelfen, Ihrer Seele inneren Frieden und Ihrem Bewußtsein eine Verbindung zu Ihrem Schicksal zu geben. Natürlich kann auch sie keine Wunder vollbringen (obwohl ihre Heilungen oft so aussehen). Doch ist sie sich dessen bewußt und akzeptiert es.

Ich spreche von einer Medizin, die die Gesetze der Natur respektiert, auch wenn sie sich nicht anmaßt, sie zu verstehen; die im Menschen ein Wesen sucht, das einmalig und beseelt ist und dessen Krankheit und Leiden einen Sinn haben. Sie versucht, ihm zu einem menschenwürdigen Dasein zu verhelfen, weil sie auch seine irrationale, subjektive Seite in die Behandlung einbezieht und sich der Unmöglichkeit bewußt ist, das Kunstwerk Mensch einer objektiven, allgemeingültigen Norm zu unterwerfen. Sie unterwirft sich dem Gesetz des organischen Wachstums und versucht nicht, mit Gewaltmethoden sofortige Effekte zu erreichen. Sie stellt sich in den Dienst des einzelnen Menschen, nicht in den der Wissenschaft, der Gesellschaft oder von Menschen formulierter Prinzipien. Sie haben ja nicht nur in Ihrem Körper eine Veränderung, nicht nur krankhafte Laborwerte, sondern Ihr Lebensgefühl ist in einem Zustand, mit dem Sie jetzt nicht klarkommen. Sie fühlen sich krank und haben Schmerzen; Sie sind oft verzweifelt und pessimistisch und beginnen, die Gewißheit zu verlieren, daß alles seinen Sinn hat. Sie leiden unter sich, unter Ihrem Leben, unter Ihrem Unverständnis.

Sie müssen sich aber auf die Suche nach einer solchen Medizin machen. Sie wird Ihnen nicht aufgedrängt. Im Gegenteil, die öffentliche Meinung verfolgt sie oder macht sie zumindest lächerlich, denn sie entspricht nicht dem Geist unserer Zeit. Sie können den Kopf in den Sand stecken, die Verantwortung für sich selbst auf Ihre Ärzte abwälzen, sich operieren, blockieren oder manipulieren lassen, Ihre Empfindungen (auch für Ihre Schmerzen) ausschalten und Ihre sogenannte Krankheit verdrängen und unsichtbar machen lassen. Sie können aber auch mit Hilfe einer natürlichen Medizin den Weg zu sich selbst suchen. Er führt Sie mitten durch Ihre Krankheit.

Vielleicht verschwindet Ihr Schmerz dabei, vielleicht werden Sie schnell geheilt – vielleicht aber auch nicht. Aber in jedem Falle hat sich dann auch innerlich etwas getan: Sie haben über sich nachgedacht; Sie haben sich bemüht, Ihr Schicksal zu akzeptieren, auch wenn es schmerzt; Sie haben mit offenen Augen und wachen Sinnen etwas Wichtiges durchlebt; und Sie sind Ihrer »anderen«, seelischen, unsterblichen Seite etwas nähergekommen. Das erschließt Ihnen Kraft, Zuversicht und ein tieferes Verständnis für Ihr künftiges Leben. Ohne sie gibt es keine wirkliche Gesundheit.

Das Tor zur Gesundheit

Wir besitzen ein natürliches Bedürfnis nach Gesundheit und Glück, das unserem Trieb zur Selbsterhaltung, unserer Kraft zur Selbstheilung und unserer Sehnsucht nach Selbstverwirklichung entspricht. Daher empfinden wir es als normal, gesund und glücklich zu sein, und betrachten unsere Krankheit als Ausnahme, die so schnell wie möglich zu verschwinden habe. So richtig diese Haltung grundsätzlich ist, so bringt sie uns doch, wenn wir darin zu oberflächlich sind, in einen Konflikt zu unserem tatsächlichen Leben, das uns ja so häufig Krankheiten und Probleme beschert, denn solange wir diese nur als ärgerlich empfinden können, bewegen wir uns in einem Teufelskreis, in dem die Krankheit Ablehnung hervorruft und die Ablehnung Krankheit.

Ihm können wir nur entgehen, wenn wir uns daran erinnern, daß wir nicht nur eine oberflächliche und »menschliche« Seite haben, sondern auch eine tiefgründige und transzendente. Wir durchlaufen unser irdisches und zeitlich begrenztes Leben und entwickeln dabei etwas über es Hinausreichendes, Unsterbliches. Wir sind gleichzeitig materiell und geistig, kleinlich und großartig, gemein und edel, schwach und stark, zerstörerisch und schöpferisch, menschlich und göttlich. Es scheint aber zum Sinn unseres Lebens zu gehören, daß wir, uns dieses Gegensatzes bewußt werdend, jene Tendenz zu verwirklichen suchen, die wir als »gut«, »schön«, »edel«, »gesund«, »sinnvoll« oder »göttlich« bezeichnen.

In diesem Sinn bedeutet Gesundheit auch, daß unser persönliches Wachstum, das heißt eine Entwicklung zum »Besseren« und »Höheren« stattfindet. Deshalb können wir eine Krankheit, obwohl sie uns einerseits als unsinnig und zerstörerisch erscheint, andererseits doch als sinnvoll und »wohltuend« empfinden, denn sie gibt uns, neben – oder besser: wegen – ihrer Unannehmlichkeit, die Möglichkeit zu Läuterung und Weiterentwicklung. Sie öffnet uns die Augen für die in uns bestehenden destruktiven Tendenzen, gibt somit den Anstoß zu Änderung und Besserung und erweitert uns, weil wir in ihr eine Lebensdimension erfahren, die uns sonst verborgen bliebe. Man könnte auch sagen: Unsere Krankheit ist das Tor zur Gesundheit. Wenn wir es bewußt durchschreiten, wandeln wir uns und werden gesünder.

Das soll natürlich nicht heißen, daß es besonders erstrebenswert und erfreulich sei, krank zu sein, denn darin zeigt sich ja gerade, daß etwas nicht stimmt und eine Richtungsänderung erforderlich ist. Wer aber nun einmal krank geworden ist, steht um so mehr in der Pflicht, die darin liegende Chance wahrzunehmen und »gesünder« zu werden, das heißt, etwas an sich und an seinem Leben zu ändern.

Das kann zum Beispiel bedeuten, daß er schädliche Gewohnheiten und Süchte aufgibt, in seinen Lebensgewohnheiten oder seiner Ernährung bewußter wird, seine menschlichen Beziehungen »saniert« oder ein längst anstehendes Problem löst. Vor allem aber heißt es, daß er beginnt, sich dem zuzuwenden, was seinem Leben Wert und Sinn geben kann, und ein Gefühl für sich und sein Schicksal zu entwickeln, damit sich seine negativen Haltungen nicht noch verstärken.

Eine Krankheit bedeutet, daß das innere Wachstum nicht erfolgt ist, die Bewußtheit nicht erweitert wurde und deshalb wichtige Bedürfnisse von Körper oder Seele vernachlässigt wurden. Aber jeder Fehler, den wir wirklich bereuen, wird vergeben, denn Bereuen heißt, sich durch ehrliche und tiefe Erkenntnis in seiner Einstellung so zu verändern, daß das Fehlerhafte seinen Einfluß jetzt und für alle Zeiten verliert.

Oberflächlichkeiten oder Vertuschen, Jammern oder Ausweichen nützen aber nichts. Wenn wir uns (natürlich unbewußt) vor das Tor der Krankheit begeben haben, müssen wir hindurch und uns in der Absicht, ihren Sinn zu finden, bewußt mit ihr auseinandersetzen. Es ist nie zu spät – immer und unter jeder Bedingung können wir gesund oder gesünder werden, und wenn schon nicht am Körper, so doch jedenfalls in unserer Seele, die letzten Endes die größere Bedeutung besitzt.

Liebe Frau . . ., lieber Herr . . .,

Sie glauben, man habe das Urteil über Sie gesprochen, als man Ihnen sagte, daß Sie nicht mehr geheilt werden können. Sie fragen, worum Sie sich denn jetzt noch bemühen sollen, wo doch alles hoffnungslos und zu spät ist.

Aber wofür soll es denn zu spät sein? Sie leben, denken und fühlen doch noch! Es ist doch längst nicht alles zu Ende. Sicher, wenn wir etwas Unmögliches wollen, ist es immer zu spät und hoffnungslos. Dadurch zeichnet sich jede Illusion und jeder Wunschtraum aus, denn er kann ja der Realität nicht standhalten. Warum aber ersehnen wir immer wieder etwas, was wir nicht haben, warum erkennen wir nicht, daß es diese Unzufriedenheit mit dem, was wir tatsächlich haben, und diese illusionäre Sehnsucht nach etwas, was wir eben nicht bekommen können, ist, die uns unglücklich macht? Oder mit anderen Worten: daß wir uns selbst unglücklich machen. Warum erkennen wir nicht, daß wir für jeden Verlust auch etwas bekommen? Warum können wir, statt einem unerfüllbaren Wunsch nachzutrauern, nicht versuchen, mit dem, was wir tatsächlich haben, zufrieden zu sein?

Vielleicht stimmt das, was man Ihnen über Ihre Heilungschancen gesagt hat – vielleicht aber auch nicht. Wer kann das schon sagen? Aber wäre es wirklich ein Grund zur Verzweiflung, wenn Sie nicht mehr gesund werden würden? (Entsetzen Sie sich nicht über diese »brutale« Frage.) Zeigt uns denn das Leben nicht immer wieder eine neue Richtung, wenn es in der alten nicht mehr weitergeht? Ist das nicht der Sinn jedes unüberwindbaren Hindernisses? Ihr Leben geht weiter, ob Sie gesund sind oder nicht, also muß auf jeden Fall noch etwas in ihm liegen, das davon unabhängig ist – das darüber steht.

Grundsätzlich bedeutet Gesundheit ja Wachstum. Solange unser Körper optimal assimilieren und sich entfalten kann, ist er gesund. Das gleiche gilt aber auch für unsere »höheren« Ebenen: Geist, Seele und Bewußtsein. Auch sie müssen sich entwickeln und erweitern. Wenn das Wachstum auf der einen Ebene unmöglich ist, so kann es doch jederzeit auf einer anderen stattfinden. Der körperliche Aufbau ist begrenzt. Unsere geistig-seelische Seite aber entwickelt sich ständig weiter und reicht offensichtlich über den körperlichen Tod hinaus.

Der perfekt und beschwerdefrei funktionierende Körper und das glückliche, problemlose Leben haben sich immer wieder als Wunschtraum erwiesen – als ein Ideal, aber nicht als allgemeine Wirklichkeit. Wir wissen, daß es kein Leben gibt, das nicht auch Schmerz und Leid, Unglück und Katastrophen in sich trägt. Daher müssen wir annehmen, daß die Krankheit prinzipiell zu unserem Leben gehört.

Üblicherweise bezeichnen wir alle jene Zustände als krankhaft, die uns Schmerzen und Schwierigkeiten bereiten und die nicht unseren Norm- und Idealvorstellungen entsprechen. Dieses Kriterium trifft aber auf alles zu, was für uns Bedeutung hat, nicht nur den Körper. Generell entspricht jede Situation, die uns Probleme bereitet, dem Prinzip der Krankheit, seien es nun Zahnschmerzen oder Krebs, Akne oder Depression, finanzielle oder zwischenmenschliche Probleme, äußere Notlagen, Schicksalsschläge oder selbst Krieg. Sie lösen in uns die gleichen Gefühle (zum Beispiel Schmerz, Angst, Verzweiflung, Enttäuschung, Hoffnungslosigkeit und ähnliches) aus und müssen auch stets in der gleichen Weise bewältigt werden.

Ebenso wie der Körper gerade an der schweren Arbeit wächst, so brauchen auch Geist und Seele die Schwierigkeiten des Lebens, um sich entwickeln zu können. Unser auf Erweiterung drängendes Bewußtsein sucht die Probleme, um an ihnen zu wachsen. Wenn es sie nicht in der Krankheit findet, dann in den äußeren Lebensumständen. Warum es dem einen bestimmt ist, aus der Krankheit seines Körpers Bewußtheit zu erlangen, dem anderen dagegen aus der »Krankheit« seiner Lebensumstände, ist unerklärlich. Vielleicht aber tröstet es Sie, zu wissen, daß Sie nicht alleine kämpfen müssen, sondern daß wir alle ständig an den Krankheiten unseres Lebens oder unseres Körpers leiden und arbeiten. Denken Sie nur an früher, als Sie noch einen gesunden Körper hatten: War es damals prinzipiell anders, gab es keine Schmerzen, keine Mühsal, keine Probleme? Aber haben sie Sie nicht auch persönlich vorangebracht?

Wenn Sie wirklich der Meinung wären, daß das, was Ihnen widerfährt, falsch, ein Irrtum des Schicksals, eine Ungerechtigkeit oder eine Katastrophe ist, hätten Sie recht, wenn Sie sich bemühen würden, sie schnellstmöglich ungeschehen oder ungesehen zu machen oder sich über Ihr Unglück zu beklagen. Dann wäre Ihre Lage wirklich hoffnungslos.

Wenn wir aber einen in allem liegenden Sinn annehmen (oder wahrnehmen), so müssen wir uns – bevor wir Gegenmaßnahmen ergreifen – zunächst fragen, was unser Problem bedeutet, welche Erkenntnis es uns vermitteln und wie es unsere Fähigkeiten wachsen lassen könnte. Wir können ja sehr leicht die in ihm wirkende außergewöhnliche Kraft feststellen, wenn wir es zu überwinden versuchen. Aus ihr, die transzendenten Ursprungs ist, entsteht unser persönliches, über unsere Sterblichkeit hinausreichendes Wachstum. Wem dies klar geworden ist, wird sich seinen Problemen – den Krankheiten des Körpers und des Lebens – in einer anderen Weise zuwenden.

So wenig, wie wir ein kaltes Stück Holz deswegen wegwerfen, weil es nicht wärmt, sondern versuchen, das in ihm schlummernde Feuer zu wecken und uns nutzbar zu machen, so wenig sollten wir eine Veranlassung sehen, die »Krankheit« einfach über Bord zu werfen – wenn sie nun einmal in unser Leben getreten ist –, *sondern mit ihrer Hilfe nach einer neuen Richtung suchen. Dann wird das Problem zwar als solches nicht verschwinden, aber es wird sich in einen lebendigen Vorgang verwandeln.*

Gesundheit ist deshalb kein statischer und stabiler Zustand, sondern ein dynamischer Vorgang. Sie ergibt sich aus der Auseinandersetzung mit der »Krankheit«, das heißt in der Überwindung materieller oder immaterieller Probleme. Solange wir eine körperliche Krankheit haben, richtet sich unser Bewußtsein auf sie. Wir können dann zum Beispiel lernen, sie besser zu ertragen oder etwas aus ihr zu erkennen oder uns anders zu verhalten. Ist der Körper aber gesund, so treten die »höheren Krankheiten«, nämlich die Probleme unseres Lebens, ins Blickfeld. Wenn wir auf der einen Ebene freigestellt sind, so nur, um auf der anderen zu arbeiten. »Frei« sind wir niemals.

Wie auch immer Ihre jetzige Krankheit heißen mag – auf jeden Fall haben Sie stets die Möglichkeit, auf irgendeiner Ebene gesund oder zumindest gesünder zu sein oder zu werden, wenn nicht außen, dann eben innen. In der Auseinandersetzung mit dem Schmerz des Körpers oder der Seele, mit der Widrigkeit oder der Katastrophe können Sie einen Schritt vorankommen und Ihrem Leben einen Sinn abgewinnen. So werden Sie das Gefühl und die Gewißheit haben, daß alles richtig läuft, und eine unerklärliche Kraft spüren, die Sie aufrechterhält und Ihnen Ihren inneren Frieden zurückgibt.

Tröstende Worte

Wer kennt nicht die seltsame Befriedigung, die von Selbstmitleid und negativen Gedanken ausgeht? Wie gut tut es doch, sich in Selbstzerstörung und Verzweiflung hineinzusteigern, sich eine schwierige Situation doppelt aussichtslos auszumalen und in Weltuntergangsstimmung zu versinken. Es gibt Menschen, die ihre Krankheit vorsätzlich verschlechtern und es nicht lassen können, alles noch schwärzer zu malen, als es ohnehin ist. (Es dauert dann auch nicht allzulange, bis das beschworene Unheil eintritt.)

Der Grund dafür ist meistens die Erfahrung aus der Kindheit, daß man um so schneller und nachhaltiger Trost und Hilfe bekommt, je schlechter es einem geht, oder genau gesagt: zu gehen scheint. Mitleid und menschliche Anteilnahme können zur süßen, aber unheilvollen Droge werden, der der Mensch um so mehr verfällt, je weniger er sie bekommt, obwohl er ein Recht darauf zu haben meint. Wem es nicht gelingt, sie sich von außen, durch Erpressung seiner Umwelt, zu beschaffen, genehmigt sie sich schließlich in Form des Selbstmitleids.

Je »wohltuender« diese Droge ist, desto zerstörerischer wird sie letzten Endes. Dies kann man besonders deutlich bei jenen Kindern sehen, die neurotischer Überzuwendung und unnötigen Hilfeleistungen durch ihre Eltern ausgesetzt sind. Diese wundern sich, wieso ihr Kind lebensunfähig, verhaltensgestört oder asozial wird, obwohl es doch so viel Liebe und Sorge empfangen hat, kommen aber meistens nicht auf die Idee, daß sie selbst die Ursache dafür sind. Zu sehr unter eigenen Ängsten, Komplexen oder Schuldgefühlen leidend, können sie ihrem Kind gar keine selbstlose und freilassende Zuwendung bieten, sondern mißbrauchen es als Objekt und Ventil für ihre eigenen Unausgegorenheiten.

Ein alltäglicher Vorgang: Ein Kind fällt bei seinem Toben hin und verletzt sich leicht. Wenn es sich unbeobachtet weiß, blickt es höchstens verdutzt um sich und untersucht den Schaden, ohne sich mit Geschrei aufzuhalten. Befindet sich aber die Mutter in seiner Nähe, so beginnt es laut zu weinen. Es hat nämlich irgendwann unbewußt wahrgenommen, daß sie sein Geschrei geradezu erwartet, um es dann trösten zu können.

Sie projiziert ihre eigene Hilflosigkeit einer solchen Situation gegenüber auf das Kind und kann sich selbst dann in ihm trösten. Da Projektionen immer unbewußt sind, weiß sie das natürlich nicht. Das Kind aber gerät in eine Art Vollzugszwang und erfüllt ihre Erwartungen. Zudem bemerkt es, daß es auf diese Weise ihre Zuwendung erzwingen kann, gewöhnt sich daran, sein Unglück künstlich zu verstärken, wird wehleidig und unselbständig.

Dieses Verhalten nimmt es meist in sein Erwachsenenleben mit und ruft sozusagen routinemäßig immer nach der tröstenden Mutter, wenn es schwierig wird, anstatt sich darum zu bemühen, sein Problem aus eigener Kraft zu lösen. In solchen Fällen ist der mütterliche Trost zum Rauschgift geworden, denn er war ja keineswegs objektiv gerechtfertigt. Er hat das Kind geschädigt und Abhängigkeit und Lebensunfähigkeit bewirkt.

Es ist eine alte Erkenntnis, daß man einen Menschen, dem man ohne echte Not seine schwere Arbeit abnimmt, schwächt und schädigt, denn er verliert damit die Chance, stark zu werden. Unsere Probleme sind der Ausdruck unseres ureigenen, persönlichen Lebens und können daher von keinem anderen nachvollzogen oder adäquat gelöst werden. Sie entsprechen unserer individuellen Bewußtseinslage und haben ja die Aufgabe, diese zu verändern.

Um keine Mißverständnisse aufkommen zu lassen, soll hier jedoch betont werden, daß es selbstverständlich richtig und Menschenpflicht ist, einem anderen in der Not zu helfen, aber wirklich nur dann, wenn er es auch unter ganzem Einsatz nicht schaffen kann. Vorschnelle Unterstützungen dagegen bedeuten – trotz oder gerade wegen der momentanen Erleichterung – schwerwiegende Eingriffe in sein Leben, die sich addieren und es mit der Zeit in eine falsche und krankhafte Richtung lenken.

Wer helfen oder trösten will, muß sich vor allem über seine Beweggründe einigermaßen klar sein, denn er übernimmt damit eine große Verantwortung. Mancher gibt vor, es gehe ihm nur um das Wohl des anderen, doch häufig tröstet er sich selbst damit über seine Unfähigkeit hinweg, mit eigenen Problemen fertigzuwerden. Er versetzt sich in die Lage seines »Opfers« und stellt fest, daß *er selbst* in dieser Lage versagen und Hilfe benötigen würde. Was liegt dann für ihn näher, als seine Hilfe anzubieten oder gar aufzudrängen?

Damit hat er die für ihn unerträgliche Situation entschärft und sich und dem anderen die schwere Arbeit an der eigenen Unfähigkeit abgenommen. Das gilt in einer Gesellschaft, die das Helfen organisiert und professionalisiert hat, als christlich und menschenfreundlich, schwächt den Schwachen aber noch mehr und drückt den Kranken noch tiefer in seine Krankheit.

Auch der »Heiler«-Boom, den wir seit einiger Zeit

erleben, beruht auf diesen geistigen und gefühlsmäßigen Unklarheiten. Viele, die den Drang zum Heilen verspüren, wissen gar nicht, daß sie selbst es sind, die sie heilen müßten und wollen. Doch da die Arbeit an sich selbst bekanntlich die schwerste aller Aufgaben ist, wählt man – verständlicherweise – lieber den leichteren Weg, nämlich die Manipulation des anderen.

Man verlangt von ihm all das, was man selbst nicht fertigbringt, und hilft ihm, all jenen Prüfungen auszuweichen, vor denen man sich fürchtet. Es ist nun einmal so: Alles, was wir tun und sagen, ist unser persönlicher Ausdruck. In jedes Wort und jede Handlung fließt auch unser ganzes Unvermögen und unsere Problematik ein. Wie aber will ein Mensch, der selbst Heilung braucht, sie einem anderen geben? Es kann nur das gleiche herauskommen wie beim unüberlegten und neurotischen Helfen: eine Sucht-Situation, in der der Empfänger immer mehr Hilfe und Heilung braucht, weil sich seine Schwäche und Krankheit weiter vertiefen.

Dagegen erlebt man immer wieder, daß Menschen, die sich redlich um ihre Selbständigkeit bemühen, zum Beispiel Blinde oder Körperbehinderte, aber auch vitale Kinder, es als störend und schädigend empfinden, wenn jemand sie als Hilfsbedürftige behandelt und ihnen seine – unnötige – Hilfe aufdrängt.

Wer trösten, helfen oder heilen will, darf selbst nicht des Trostes, der Hilfe oder der Heilung bedürfen. Er muß sich bemühen, den schwachen und leidenden Mitmenschen in die Lage zu versetzen, sich selbst zu helfen und wieder Herr seines Lebens zu werden. Das ist jedoch eine äußerst schwierige und oft langwierige Aufgabe, weil es sich dabei um Wachstumsprozesse handelt und man seine Lage nie ganz erfassen kann. Über den Erfolg entscheidet letzten Endes eine höhere Instanz. Wir können uns nur darum bemühen.

Liebe Frau ..., lieber Herr ...,

wenn Sie es sich erlauben, verzweifelt zu sein, machen Sie alles nur noch schlimmer. Ich weiß, es geht Ihnen schlecht, und statt solcher Worte hätten Sie lieber Trost. Es wäre ja einfach, Ihnen zu bestätigen, daß Sie recht haben, wenn Sie sich für bedauernswert, vom Schicksal benachteiligt und von den Menschen schlecht behandelt halten. Aber Trostpflaster sind wie Rauschgift. Sie tun zwar im Moment gut, doch sie machen unfähig, das Leben zu bestehen. Und das ist es ja, was Sie im Moment lernen müssen. Machen Sie es nicht wie die Kinder, die solange jammern, bis jemand zu Hilfe kommt. Wer soll Ihnen nämlich die Last abnehmen, die Sie jetzt tragen müssen? Niemand kann sich in Sie hineinversetzen, niemand kann nachvollziehen, wie Sie sich fühlen. Wenn es gar nicht mehr anders geht, dann geben Sie sich Ihrem Schmerz und Ihrem Unglück ganz hin. Schreien Sie heraus, was Sie quält. Aber betrachten Sie es nur als Ventil, als momentane Entlastung vom inneren Überdruck, als Notmaßnahme. Wirklich weiterhelfen wird es Ihnen nicht, denn es wird Sie nicht verändern, nicht stärker und nicht einsichtiger machen.

Lassen Sie sich anders trösten. Lassen Sie sich die Verantwortung für sich zurückgeben, denn nur Sie selbst können sich helfen. Lassen Sie sich an jene Zeiten erinnern, in denen Sie noch wußten, daß alles auch seine guten Seiten hat. Warum haben Sie das jetzt vergessen? Warum weigern Sie sich, auch jetzt danach zu suchen? Wir sehen ja immer nur das, was wir in uns tragen und was wir sehen wollen. Versuchen Sie doch einmal, das Positive an Ihrer Krankheit zu sehen, die Möglichkeiten, die sich Ihnen dadurch auftun, zum Beispiel stärker oder weiser zu werden oder zu lernen, wie man mit einem Unglück auf sinnvolle Weise umgeht. Wenn Sie das jetzt schaffen, wiegt es unvergleichlich mehr, als wenn es Ihnen ohnehin gut geht. Hören Sie in sich hinein, ob es Ihnen etwas nützt, wenn Sie sich in Ihre Schmerzen und Verzweiflungen hineinsteigern. Wenn Sie sich dagegen wehren, obwohl Sie es doch momentan nicht ändern können, vertieft sich Ihre Hoffnungslosigkeit noch mehr.

Jeder hat die Kraft, sein Leben zu bestehen, denn es ist ja sein Ausdruck und seine Bewußtwerdung. Wenn Sie diese Feststellung jetzt empört ablehnen und sich oder mir versichern, es sei wirklich zu viel und übersteige Ihre ganze Kraft, so bedenken Sie bitte, daß Ihr Leben ja trotzdem weitergeht, ob Sie es wollen oder nicht, zu können glauben oder nicht. Sie sind in eine Situation hineingeführt worden, die von Ihnen das Schwerste verlangt: sich selbst zu ändern, Ihre Einstellung, Ihre Verhaltensweise, Ihr Selbstverständnis. Weil Sie Ihrer Krankheit mit einer ablehnenden Haltung begegnen, erscheint sie Ihnen auch ablehnenswert. Wenn es Ihnen dagegen gelänge, in ihr, trotz allem, so etwas wie einen Sinn zu finden und sich daran zu erinnern, daß wir ja letzten Endes nie wissen, wozu etwas gut ist, dann sähe alles anders aus. Dann würden Sie, statt Ihre Kraft in Klagen zu vergeuden, nach dem Weg suchen, der Sie heraus- und weiterführt. Beobachten Sie einmal einen Käfer: Wenn ihm etwas den Weg versperrt, sucht er in einer anderen Richtung weiter. Er bricht nicht in Wehklagen aus, sondern paßt sich der für ihn unübersehbaren Gegebenheit an. Er folgt dem Gesetz des Lebens, das stets auf Weiterbewegung und Fortentwicklung drängt. Wenn es hier nicht weitergeht, dann dort. Wenn Sie in Ihrem äußeren Leben nicht vorankommen, dann bemühen Sie sich um Ihre innere Entwicklung.

Außen und innen sind gleichermaßen wichtig. Wenn Sie in sich gehen, werden Sie feststellen, daß wir immer dort unsere größten Probleme haben, wo wir am schwächsten sind. Wenn Ihre Fähigkeit, Krankheit und Schmerz zu ertragen, zu gering ist, so werden Sie genau darunter zu leiden haben. Und wenn Sie einen Verlust nicht akzeptieren können, dann werden Sie solange verlieren, bis Sie es gelernt haben. Wir scheitern immer an derselben inneren Hürde, denn sie bedeutet ja den Punkt, an dem wir den größten persönlichen Fortschritt machen können.

Wenn Sie eines Tages eine Krankheit oder einen Verlust zu ertragen und aus ihnen etwas persönlich Aufbauendes zu machen verstehen, werden diese kein Problem mehr für Sie sein. Dann beherrschen Sie eine der wichtigsten Aufgaben Ihres Lebens: nicht nur annehmen, sondern auch hergeben, nicht nur kämpfen, sondern auch nachgeben zu können. Solange Sie sich gegen die Realität Ihres Lebens sträuben, die in diesem Moment eben Krankheit bedeutet, müssen Sie leiden. Wenn es Ihnen gelingt, Ihr trotziges und sinnloses Sträuben in ein vertrauensvolles Akzeptieren zu verwandeln, wird innere Ruhe einkehren.

Vielleicht tröstet Sie auch die Erkenntnis, daß Sie es nicht alleine schwer haben. Sie meinen zwar, wenn Sie diese Krankheit nicht hätten, wäre alles gut. Denken Sie einmal an die früheren Zeiten. Haben Sie nicht auch damals schon gelitten, obwohl Sie gesund waren? Hatten Sie wirklich Ihren inneren Frieden und glauben Sie, die anderen, die Sie jetzt um ihre Gesundheit beneiden, hätten ihn? Ruft nicht jeder Verlust, egal, was er betrifft, das gleiche Gefühl hervor? Werden Frustrationen, Depressionen, Hoffnungslosigkeiten nur durch körperliche Krankheiten ausgelöst? Wir alle haben an unserem Schicksal zu tragen, ob gesund oder krank, reich oder arm.

Wenn Sie Ihren inneren Frieden gefunden haben, spielt alles andere keine Rolle. Deshalb suchen Sie ihn. Klagen nützen nichts, ebensowenig Mitleid oder Selbstmitleid. Suchen Sie das Positive, versuchen Sie sich in Ihrer Krankheit zu bewähren und lassen Sie das törichte Sträuben gegen Ihr Schicksal, dessen Pläne Ihnen immer verborgen bleiben. Probieren Sie es nur einmal, eine Sekunde lang, dann kennen Sie den richtigen Weg.

Vor der Operation

Was auch immer ein Mensch unternehmen will, es wird nur dann gelingen, wenn er den richtigen Zeitpunkt gewählt hat, das heißt: innerlich bereit und klar dafür ist. Gerade in lebenswichtigen Situationen, zu denen wegen ihrer Endgültigkeit auch ärztliche Eingriffe gehören, muß er seine Bemühungen um Selbstverantwortlichkeit und Mündigkeit aufs äußerste steigern, um eine Entscheidung fällen zu können, hinter der er dann auch stehen kann.

Der moderne Patient liebt »radikale« Therapien. Er will, wie ein Handwerker, »Nägel mit Köpfen« *machen*. Er sieht, daß die Technik anscheinend jedes Problem lösen kann und meint, ihre Gesetzmäßigkeiten ließen sich auch auf ihn übertragen. Zudem nähren die Medien unermüdlich den Wunderglauben an die Möglichkeiten der modernen Medizin, hinter dem der alte Wunschtraum vom problemlosen und ewigen Leben steht.

Wir befinden uns ja meistens auf der Flucht vor unserem Schicksal und versuchen alles, was uns in unserer Gedankenlosigkeit gerade nicht einfällt, aus dem Weg zu schaffen. Wir meinen, jeder müsse gesund und glücklich sein, obwohl uns das Leben doch ununterbrochen das Gegenteil demonstriert, und glauben, es sei ein Unglück, wenn unsere momentanen Wünsche nicht in Erfüllung gehen.

In unserer Krankheit ist eine innere Problematik nach außen gedrungen und sicht- und fühlbar geworden, damit wir uns ihr endlich bewußt stellen, statt sie Tag für Tag aufs neue zu verdrängen. Das beginnt im kleinen, in der täglichen Unsensibilität und im beharrlichen, selbstzerstörerischen Durchsetzen einmal gefaßter Pläne und endet im großen, in Existenzkrisen und Schicksalsschlägen. Man übt einen Beruf aus, der einem in der Seele zuwider ist, hält menschliche Beziehungen in einer Art aufrecht, die zu permanenter Heuchelei zwingt, gibt sich Gefühlen wie Neid, Eifersucht, Habgier, Rachsucht, Minderwertigkeits- oder Schuldgefühlen, Groll oder Haß hin, die in ihrer Negativität zerstörerisch wirken. Man ignoriert das daraus entstehende Unbehagen, weicht einer aufrechten und persönlichen Stellungnahme aus, rettet sich mit den kleinen täglichen Ablenkungen und Ausreden. Man übergeht die Warnsignale, die der Körper gibt, putscht sich auf, findet eine Begründung, warum man so weiter machen müsse, unterdrückt die ersten kleinen Krankheitszeichen, weil man sie sich nicht leisten zu können glaubt, nimmt Schmerzmittel, Antibiotika, Cortison und andere Unterdrückungsmittel, operiert, manipuliert und korrigiert. Man tut alles außer dem Entscheidenden: sich um Klarheit, Selbsterkenntnis und Änderung zu bemühen, denn es ist zugegebenerweise bequemer, eine Problematik zu vertuschen, als sich ihr zu stellen.

Mit der Zeit häuft sich dabei ein ungeheures destruktives Potential an, das sich in immer schwerwiegenderen Störungen und Leiden bemerkbar macht. Aus der ständig unterdrückten Entzündung wird schließlich die unheilbare Krankheit, aus der dauernden Frustration die Depression und Geisteskrankheit, aus der kleinen täglichen Oberflächlichkeit der Verlust des Lebenssinns. Schließlich kommt dann der entscheidende Moment, in dem es nicht mehr mit Routinemitteln geht, sondern, wenn man immer noch keine grundsätzliche Änderung will, »schwere Geschütze« herhalten müssen, auf die sich die moderne Medizin (soweit sie selbst Ausdruck dieser Geisteshaltung ist) in Anbetracht des zunehmenden Bedarfs mehr und mehr spezialisieren muß. Mit immer größerem Aufwand schafft man es, die Stunde, in der die endgültige Rechnung für ein solches Leben präsentiert wird, hinauszuzögern.

Solange aber ein Mensch lebt, kann er sich ändern. Jede Situation, in der er bewußt wird, öffnet im alle Möglichkeiten; er kann in jedem Augenblick »neugeboren« werden. Immer wieder bekommt er die Chance, bis zum letzten Atemzug, denn »etwas« will sich ja in ihm entwickeln. Es ist das, was ihm seinen menschlichen Wert gibt. Immer wieder stehen wir vor der Wahl zwischen Wahrheit oder Lüge, ernstem Bemühen oder leichtfertigem Ausweichen, Selbsterkenntnis oder Verdrängung. Immer wieder taucht das eigentliche Problem in vielfach gewandelter Form auf und wartet auf Lösung. Es ist nie zu spät, denn in jedem Lebewesen herrscht der Drang zu Selbstentfaltung und Gesundung. Die in uns wirkende Natur macht stets aus der jeweiligen Situation noch das Bestmögliche.

Um das zu erkennen, muß man allerdings berücksichtigen, daß wir vielschichtige Wesen sind, die nicht nur aus dem materiellen Körper bestehen, sondern übergeordnete geistige und seelische Ebenen besitzen, um deren Entfaltung es letztlich – notfalls auch auf Kosten des Körpers – geht. Unter diesem Aspekt wird eine rein auf körperliche Beschwerdefreiheit ausgerichtete Therapie fragwürdig. Die Medizin muß sich immer auch – soweit wie möglich – um die innere Seite des Menschen bemühen. Das bedeutet aber, daß sie im Zweifelsfall dem inneren Frieden des Patienten den Vorrang gibt und auf eine einseitig körperliche, seelisch aber zu belastende Therapie verzichtet, selbst wenn das eine wahrscheinliche Verkürzung seines Lebens bedeutet.

Liebe Frau ..., lieber Herr ...,

man hat Ihnen dringend empfohlen, sich einer radikalen Thera-
pie zu unterziehen. Ohne jetzt auf Ihre spezielle Situation
einzugehen, will ich Sie auf einige grundsätzliche Gesichts-
punkte aufmerksam machen, die Sie bei Ihrer Entscheidung
berücksichtigen sollten.

Überlegen Sie es sich gut, bevor Sie etwas Endgültiges tun
und Ihrem Körper die Chance zur Selbstheilung nehmen, denn
radikale Eingriffe zerstören den natürlichen Zusammenhang
eines lebendigen Organismus und sind endgültig. Die Natur
jedoch ist ein dynamisches System, das sich in ständiger Ent-
wicklung befindet und dem Prinzip des Überlebens folgt. Sie
ist auf Heilung und Reparatur eingestellt und versucht stets,
das Beste aus einer Situation, wie auch immer sie aussehen mag,
zu machen. Da wir dies aber meist nicht erkennen oder verste-
hen, meinen wir, wir müßten korrigierend eingreifen, und glei-
chen darin oft jenen vorwitzigen Kindern, die ohne Sachverstand
in komplizierten Apparaturen herumpfuschen.

Zugegeben: eine Operation oder die schnelle Beseitigung eines
störenden Symptoms ist meistens momentan angenehmer und
leichter. Wie aber sehen die Folgen aus? Das Leben geht ja
weiter – nicht nur auf seiner oberflächlichen Ebene, auf der die
Eingriffe vorgenommen werden, sondern vor allem auch in
seiner unbewußten Tiefe, der die Krankheiten stets entspringen.
Was wir heute versäumen oder wovor wir uns drücken, müssen
wir morgen nachholen, denn Lebenskrisen sollen uns ja vor-
wärtsbringen, stärker und einsichtiger machen. Dieser Pflicht

(die in Wirklichkeit unsere große Chance ist) können wir nicht entrinnen.

Ob es Ihrem Körper gelingt, ohne Eingriff Herr der Lage zu werden, kann niemand mit Sicherheit sagen, so wenig wie sich der glückliche Ausgang einer Operation garantieren läßt. Unser Leben ist eine höchst unsichere Angelegenheit. Das sollten wir nie vergessen – vor allem nicht in kritischen Situationen. Alles kann eintreten: das »Wunder« oder die »Katastrophe«. Ihre Krankheit kann (allen Unkenrufen zum Trotz) von alleine wieder verschwinden, der Zustand kann so bleiben, wie er jetzt ist, er kann sich aber auch verschlimmern. Eine Operation kann erfolgreich sein, sie kann aber auch alles verderben.

Das Entscheidende dabei ist jedoch, daß Sie es verkraften müssen, wie auch immer es ausgeht. Das heißt, Sie müssen es annehmen können, weil es ja Ihre unabänderliche Realität ist. Alles, was uns widerfährt, hat seinen Sinn; in allem liegt eine Möglichkeit. Sie müssen die Entscheidung treffen, wie es weitergehen soll. Sie müssen Ihre Mündigkeit behalten und Herr Ihres Lebens bleiben. Also dürfen Sie sich von niemandem, auch nicht der größten Kapazität, zu etwas drängen lassen, hinter dem Sie nicht auch bewußt stehen.

Ich würde mir die (möglichst konträren) Meinungen von vielen Ärzten einholen, würde mich bei der offiziellen und der inoffiziellen Medizin umhören und dann ganz »nach Gefühl« handeln. Vor allem würde ich jeder Statistik und jeder Prognose mißtrauen, denn wer sagt Ihnen denn, daß sie gerade auf Sie zutreffen? Ich würde nach der inneren Stimme und nach Zeichen des Schicksals suchen, die mir sagen, welcher Schritt für mich der richtige ist.

Lassen Sie sich keine Angst machen, lassen Sie sich nicht unter Druck setzen. Erst wenn Sie Ihre innere Klarheit haben, können Sie entscheiden. Sonst stehen Sie nicht dahinter. Die Zeit, die Sie darauf verwenden, ist nicht verloren, auch wenn man Ihnen das noch so eindringlich vorhält. Die innere Klarheit *ist das Wichtigste in Ihrem Leben, nicht aber die schnelle Beseitigung irgendwelcher Symptome. Es geht auf jeden Fall weiter, und keine Operation der Welt kann Ihr seelisches Ungleichgewicht, Ihre negativen Gefühle, Ängste und Verzweiflungen beseitigen. Das gelingt nur durch eine innere Wandlung. Niemand weiß ja, ob Ihre Krankheit nicht hinterher wiederkommt, wenn auch vielleicht an anderer Stelle und in anderer Form. Dann werden Sie, wenn sich Ihre Haltung nicht geändert hat, wieder am gleichen Punkt stehen wie heute.*

Es ist ja nicht die Krankheit an sich, die Ihnen Schwierigkeiten bereitet, sondern das, was sie in Ihnen auslöst. Ihr Leiden und Ihre Schmerzen sind subjektiv, und niemand kann sie Ihnen durch einen äußeren Eingriff nehmen. Man kann sie höchstens verschieben, verlagern, verwandeln. Aber dadurch werden sie noch schlechter erkennbar oder heilbar. Aus dem körperlichen Problem pflegt dann das seelische, aus dem bewußten das unbewußte zu werden, und das ruft weit schlimmere Schmerzen hervor.

Lassen Sie sich Zeit und versuchen Sie, sich klar zu werden, ob Sie wirklich keine Möglichkeit haben, Ihre Krankheit aus eigener Kraft und Arbeit an sich selbst zu überwinden oder wenigstens den jetzigen Zustand zu halten, denn damit hätten Sie ja schon viel gewonnen und sich alle Türen offengelassen.

Das Wichtigste für die Beurteilung einer Krankheit ist die Frage nach ihrer Tendenz. Wird es besser, und wenn auch nur millimeterweise, bleibt es gleich – oder wird es schlimmer? Nur im letzteren Fall müssen eingreifende Maßnahmen getroffen werden. Wenn aber alles gleich bleibt oder sich sogar bessert, arbeitet die Zeit für Sie. Das Leben ist ein Wachstumsprozeß; alles braucht seine Zeit, alles muß sich entwickeln, nichts entsteht von heute auf morgen. Das gilt für unseren Körper wie für unsere innere Kraft, und es gilt besonders in Zeiten der Krankheit.

Schuldgefühle

Außerhalb unserer normalen und gewohnten Welt gibt es Dimensionen, für die unser Begriffsvermögen zu beschränkt ist. Wir bezeichnen sie daher als irrational, transzendent oder auch unbewußt. Aus ihnen strömen uns in Form unserer Gefühle, Eingebungen und Erkenntnisse lebenswichtige, geistige Energien zu, die wir benötigen, um unser Leben sinnvoll und selbstverantwortlich gestalten zu können. Hierzu müssen wir ihnen allerdings, wie der Künstler seinen Visionen, eine verstehbare Form geben und einen tragenden Sinn abgewinnen.

Dieser Vorgang – er ist unsere Bewußtwerdung – gleicht bis zu einem gewissen Grad einem maschinellen Produktionsvorgang, bei dem formloses Ausgangsmaterial in eine vorgegebene Form gepreßt wird: Der Verstand zwängt das Gefühlte in den Rahmen seiner Begriffe. Darüber hinaus aber ist er ein äußerst kreativer Prozeß, in dessen Verlauf nicht nur das zu bearbeitende Material, sondern auch die verarbeitende Maschine verändert wird, denn während unser Verstand sich bemüht, das Irrationale, Unbegreifliche in eine rationale, begreifliche Form zu überführen, wird er selbst von diesem ergriffen und verändert, was wir als Horizonterweiterung bezeichnen. Um etwas Unverständliches verstehen zu können, müssen wir ja die Grenzen unseres bisherigen Verständnisses überschreiten. Die industrielle Maschine wirft immer nur das gleiche, vorgeplante Produkt aus, die Maschinerie unserer Bewußtwerdung und Lebensbewältigung jedoch bringt in intelligenter Anpassung an das zu verarbeitende »Lebensmaterial« ständig neue und unerwartete Produkte, das heißt Erkenntnisse, hervor, die jeweils den Bedürfnissen der aktuellen Situation entsprechen.

Ohne diesen kreativen Prozeß, der unser geistiges Wachstum ausmacht, könnten wir nicht leben. Immer wieder sind wir gezwungen, unser durchdachtes und schlüssiges Weltbild, unsere Wünsche, Vorstellungen, Überzeugungen und Gewohnheiten dem Unerwarteten, Unverständlichen, Außerordentlichen und Schicksalhaften zu opfern und dabei einen neuen Lebenssinn zu finden.

Solange wir uns von dem, was wir erleben, formen und weiterführen lassen, bleiben wir lebendig und gesund. Wenn wir dagegen, wie die seelenlose Maschine, versuchen, das »Material« unseres Lebens in die starre Form von Erwartungen oder Idealen, Wünschen oder Überzeugungen, Dogmen oder Moralgeboten zu pressen, überflutet es uns und ruft quälende, innere Konflikte hervor. Aus der Verwirrung unseres klaren Verstandes, aus unserer Frustration oder Verzweiflung läßt sich dann erkennen, daß der lebendige »Produktionsfluß« unseres Lebens zum Stillstand gekommen ist. Besonders deutlich ist dies, wenn wir Schuldgefühle entwickeln. Der Verlust von Lebensfreude und Gesundheit zeigt dann, daß wir die Wirklichkeit unseres Lebens mit falscher Elle messen und unsere eigene Selbstverwirklichung durch fremde Moral behindern.

Schuld ist im Prinzip nichts anderes als die strafbedrohte Diskrepanz zwischen einem vorgegebenen SOLL und einem davon abweichenden IST. Sie entsteht für uns immer dann, wenn wir einen moralischen Anspruch nicht erfüllen oder gegen ein Gesetz verstoßen, und hat deshalb einen so unheilvollen Charakter, weil sie eine Absage an die Wahrheit des Lebens ist. Diese besteht in dem, *was tatsächlich ist:* sie ist die Realität. Der Begriff der Schuld aber besagt, daß die Lebensrealität (die in diesem Falle in unserer Unfähigkeit, eine bestimmte Forderung zu erfüllen, besteht) falsch sei und daß es hätte ganz anders kommen müssen – was, gemessen an der Wirklichkeit, absurd ist. Man könnte nun über eine solche Betrachtungsweise entspannt philosophieren, wenn sie nicht mit gewaltigen Strafandrohungen verknüpft wäre. Erst dieser Umstand macht sie so bedeutungsvoll und furchtbar. Schuldig zu sein heißt ja: »Du hast ein Gesetz, das dir im Namen einer übergeordneten, moralischen Instanz gegeben wurde und an dessen Berechtigung du daher nicht zu zweifeln hast, übertreten. Dafür mußt du bestraft werden – einerseits, damit dein Unrecht gesühnt wird, und andererseits, damit du in Zukunft gehorsam bist.«

Jedes Lebewesen wehrt sich gegen Verurteilung und Strafe, da diese einen (subjektiv) rechtswidrigen Eingriff in seine freie Lebensgestaltung darstellen, und weil es instinktiv weiß, daß sie immer auf einer Unwahrheit oder einem Irrtum beruhen.

Eine Schuldigsprechung erfolgt immer erst nachträglich. In ihr liegt also eine Verleugnung der Wirklichkeit, da sie auf der Behauptung beruht, es hätte anders kommen müssen, als es tatsächlich gekommen ist, und den Versuch darstellt, Geschehenes (durch Sühne!) ungeschehen zu machen. Die überpersönlichen, moralischen Gesetze, die der Schuldigsprechende zu vertreten vorgibt, sind in Wirklichkeit nur Projektionen seines persönlichen Lebensverständnisses und stellen den Versuch dar, einem anderen seine eigenen Ideale aufzuzwingen. Seine Berufung auf eine höhere moralische Instanz (»Gott«) entspringt entweder ungenügender Selbsterkenntnis oder soll dazu dienen, von sich selbst abzulenken.

Jedem Schuldspruch liegt die Behauptung zugrunde, der Schuldige hätte bei gutem Willen durchaus anders, und zwar »richtig« im Sinne des Verurteilenden, handeln können. Die Annahme der Böswilligkeit setzt einen freien, eigenmächtigen Willen voraus, was jedoch ein großer Irrtum ist, denn unser Handeln ist der Ausdruck unseres Fühlens und Denkens, und diese entspringen einer irrationalen Quelle, auf die wir keinen Einfluß haben. Wir können Gefühle und Gedanken nicht willentlich »machen«, sondern sie kommen – entsprechend unserer vorgegebenen psychischen und geistigen Struktur und in Abhängigkeit von äußeren Lebensumständen – über uns und veranlassen uns zur Erfüllung unseres Schicksals. Zwar haben wir gewisse Möglichkeiten, sie zu steuern, indem wir sie entsprechend unserem Bewußtseinsstand zulassen oder unterdrücken. Aber auch dieses Bewußtsein, aus dem heraus wir in unser Leben eingreifen, ist nicht unsere eigene Schöpfung, sondern wird uns gegeben. Wir sind nicht Herr über unser Leben.

Wer sich genau beobachtet, kann feststellen, daß alle seine Handlungen oder Erkenntnisse immer nur das zwangsläufige Ergebnis seiner Anlagen, seiner bisherigen Biographie und aller ihn in diesem Augenblick bestimmenden Einflüsse sind. Unser sogenannter freier Wille gibt uns nicht die Macht zur willkürlichen Änderung unseres Schicksals, sondern lediglich die Möglichkeit, es bewußt und freiwillig zu erfüllen.

»Schuld« ist also keineswegs der Ausdruck eines eigenmächtigen Verstoßes gegen die absolute, göttliche Instanz (sie selbst hat uns ja veranlaßt, so zu handeln), sondern die pseudomoralische Rechtfertigung für eine Gewalttat, nämlich die Strafe, mit der uns der Schuldigsprechende gefügig machen will. Und unser Schuldgefühl ist nichts anderes als die kindliche Angst vor dieser

Strafe – wohlgemerkt dafür, daß wir so sind, wie wir von Natur aus sein müssen. Welche Absurdität!

Theoretisch gibt es zwei Möglichkeiten, Schuld zu vermeiden. Entweder man sorgt dafür, daß das Ergebnis (das IST) der Forderung (dem SOLL) entspricht, oder man fordert nur das, was auch tatsächlich erreicht werden kann. Da aber das IST die unabänderliche Lebensrealität darstellt (Geschehenes läßt sich ja nicht ungeschehen machen), kann Schuld in Wirklichkeit nur durch die Rücknahme jener Forderung, die die Schuld bewirkt hat, beseitigt werden.

Die Tragödie der Schuld beginnt bereits in der frühesten Kindheit: Die Umwelt setzt dem natürlichen und unschuldigen Entfaltungsdrang des Kindes (meist um eigener Vorteile willen) Grenzen. Das Kind aber übertritt aus einem unbewußten Drang heraus – sozusagen aus Lebenslust – das Verbot, wodurch es sich »schuldig« macht. Dafür wird es verurteilt und bestraft. Dies wiederholt sich in unzähligen Varianten, so daß das Kind mit der Zeit gleichsam nur noch mit eingezogenem Genick die Welt erkunden und seine persönliche Eigenart entwickeln kann. Es merkt ja sehr schnell, daß die übermächtige Umwelt ihm nur dann eine Chance zum Überleben gibt, wenn es sich so verhält, wie man es von ihm verlangt.

Dieser an die Grundlagen der Existenz rührende Urschock sitzt jedem von uns »in den Knochen« und begleitet uns durch unser ganzes Leben. Das Gefühl, einem Mächtigeren auf Gedeih und Verderb ausgeliefert zu sein und sein Wohlwollen erringen zu müssen, ist auch der Grund unseres sogenannten »moralischen« Verhaltens, das damit im Grunde nur eine ganz praktische Taktik im Überlebenskampf darstellt. (Es gibt noch eine höhere und wahrhaftigere »Moral«: unsere persönliche Wahrheit. Sie gibt unserem Leben seinen

Sinn und befähigt uns, über uns selbst hinauszuwachsen. Und sie ist es auch, die uns immer wieder »böse« und »unmoralisch« handeln läßt, denn sie steht über der vorteilsorientierten Moral des Menschen.)

Irdisches Leben ist Wachstum, Entfaltung und Selbstverwirklichung, und ein lebendiger Organismus kann sich, da sein Lebensraum begrenzt ist, nur auf Kosten eines anderen entfalten und verwirklichen. Dieses grundlegende Naturgesetz bestimmt unsere irdische Existenz. Es ist der allgegenwärtige Kampf ums Überleben. »Der Krieg ist der Vater aller Dinge«, sagten die alten Griechen. Das Stärkere gedeiht, das Schwächere geht unter, wobei allerdings gilt, daß der Geist grundsätzlich stärker ist als die Materie. Ein geistig starker, aber körperlich schwacher Mensch besiegt den geistig Schwachen, mag dieser körperlich auch noch so stark sein. Immaterielle Energie ist gewaltiger als materielle, und die irdische Dimension geht in der transzendenten auf.

Das Phänomen Schuld ist Bestandteil dieses Überlebenskampfes, denn eine Schuldigsprechung ist im Grunde nichts anderes als der Versuch des Menschen, sich den anderen zu unterwerfen. Zu diesem Zweck mißbraucht er auch häufig die Erziehung. Eigentlich soll sie den heranwachsenden Menschen lehren, seine individuellen Interessen mit seinen Gemeinschaftsbedürfnissen sinnvoll zu koordinieren. Tatsächlich aber dient sie fast nur einem unerbittlichen Machtkampf, bei dem Gesellschaft und Eltern entspechend ihrem oft primitiven Geistesniveau dem Kind eine Ordnung aufzwingen, die hauptsächlich ihnen selbst nützt. Wäre unsere Gesellschaft seelisch und geistig gesund, so könnte sie die nachkommende Generation durch ihr Vorbild lehren, sich selbstverantwortlich, sinnvoll und der Realität entsprechend selbst zu beschränken (so wenig wie möglich – so viel wie nötig). Da sie aber selbst keine Eigenverantwortung besitzt und nur durch äußere Gewalt von der Welt- und Selbstzerstörung abgehalten wird, kann sie auch ihren Mitgliedern nur mit Gewalt und Strafe begegnen.

Dabei ist die moralbegründete Schuldigsprechung die wirksamste Repressalie, da sie den kleinen praktischen Vorteil unter die Schirmherrschaft einer hochgeistigen, irrationalen Instanz – zum Beispiel »Gott« – stellt und somit unangreifbar macht. Die angedrohte Strafe kommt dann nicht mehr von einem normalen Menschen, sondern erfolgt im Dienst eines übermächtigen, göttlichen Wesens und erzeugt dadurch unauflösbare, irrationale Ängste.

Das Gefühl, einer allwissenden und allmächtigen Instanz ausgeliefert zu sein und sich ihr bedingungslos unterwerfen zu müssen, kennen wir von klein auf. Es ist die Urangst unseres Lebens. Sie wird bereits im kleinen Kind aktiviert, das ja völlig von seinen Bezugspersonen abhängt. Das Erlebnis des Liebesentzugs, mit dem es für seine »Sünden« bestraft wird, erzeugt in ihm eine dauernde und – je nach Charakter – mehr oder weniger starke untergründige Todesangst. Die Erfahrung, für ein Versagen schuldig gesprochen und bestraft zu werden, führt dazu, daß sich Schuld und Angst innig miteinander verbinden.

Mit zunehmender Bewußtheit wäre der Mensch in der Lage, durch einfache Überprüfung der Machtverhältnisse festzustellen, ob er sich unterwerfen muß oder tun kann, wonach ihm der Sinn steht. Und er könnte vor allem erkennen, daß er nicht aus freier Entscheidung, sondern aus einem inneren, unwiderstehlichen Antrieb heraus »schuldig« geworden ist. »Woher«, so würde er sich fragen, »stammt dieser innere Drang? Wer oder was hat mich zu dieser Sünde getrieben?«

Und er würde, wenn er es wagte, ehrlich zu sich zu sein, einsehen, daß er – unter Berücksichtigung aller mitspielenden Umstände – gar nicht anders hätte handeln können.

Solche ketzerischen Erkenntnisse werden allerdings dadurch verhindert, daß die Elternautorität mit der Zeit durch eine irrationale, göttliche und bedrohende Instanz ersetzt wird. Die übermoralische Einheit Gott-Mensch wird in den moralisierten Gegensatz: Gut und Stark (Gott) / Böse und Schwach (Mensch) aufgespalten. So unterscheidet sich die Existenzangst, die das kleine Kind angesichts seiner strafenden Bezugsperson empfindet, prinzipiell nicht von jener Angst, die der erwachsene, religiös erzogene Mensch vor der Strafe »Gottes« empfindet.

Besonders unheilvoll hieran ist, daß »Gottes« unbegreifliche Allmacht mit ausgesprochen profanen Forderungen verquickt und diese unsaubere Mischung aus menschlichem Vorteil und göttlicher Integrität durch Tabus (»So etwas darf man nicht einmal denken!«) abgesichert wird. Wir lernen ja, »Gott« als Inbegriff des Guten und sein Wohlwollen als die Grundlage jeden Glücks zu sehen und uns damit zu identifizieren. Wenn nun aber bestimmte Menschen oder die Gesellschaft ihre egoistisch-vorteilsorientierten Forderungen im Namen »Gottes« an uns stellen und uns damit glauben machen, daß ihre Nichterfüllung ein Verstoß gegen »Ihn« darstellt, entsteht in uns eine abgrundtiefe existenzielle Angst, die uns den klaren Verstand raubt. Wir werden unfähig, den Sachverhalt vernünftig zu analysieren und uns aus diesem Irrtum, der darin besteht, daß Geschehenem seine Existenzberechtigung abgesprochen wird, zu befreien.

Es entsteht ein unerträglicher Konflikt: Nicht nur wird hier unser Bedürfnis nach Wahrheit mit Füßen getreten, da ja die Lebenswirklichkeit für falsch und unwahr erklärt wird, sondern gleichzeitig gerät unsere Selbstbehauptungskraft in Gefahr, weil wir uns einem fremden Willen unterwerfen sollen. In dieser Not greifen wir, um nicht alle Selbstachtung und Zufriedenheit zu verlieren, zu einer List: Wir übernehmen die Forderungen unserer übermächtigen Umwelt einfach in unser eigenes moralisches Repertoire und behaupten, wir folgten nur unserem eigenen Gewissen, wenn wir gehorsam sind. Wir werden »moralisch« und vergewaltigen uns selbst.

Dieser Betrug ist zwar eine wirksame Notlösung, um im Augenblick zu überleben. Mit der Zeit aber entzweit er uns mit unserem persönlichen Gewissen und zerstört unsere Fähigkeit, zur Wahrheit (die ein ganz individuelles Phänomen ist) und zum Sinn unseres Lebens zu finden. Von irrationalen, unberechtigten Ängsten und Schuldgefühlen gequält, schleichen wir wie Verbrecher durch ein unglückliches, krankes, unwahres oder scheinheiliges Leben, statt aufrecht und frei so zu sein, wie wir wirklich sind, und unser Schicksal mit all seinen »Fehlern« und »Vergehen« bereitwillig und bewußt zu erfüllen.

Die Lüge von der Schuld macht es dem Menschen unmöglich, seine göttliche Natur zu erkennen und ein frohes, gesundes und selbstverantwortetes Leben zu führen. Sie ist aber von Vorteil für jene, die uns wie eine verängstigte Schafherde auf die Weide ihrer persönlichen Vorteile (die übrigens auch geistiger Natur sein können) treiben wollen. Sie ist Ausdruck jener animalischen Unbewußtheit, deren oberstes Gesetz der Kampf aller gegen alle ist. Je mehr wir in ihn verstrickt sind (und dies sind wir mehr oder weniger alle), desto leichtfertiger benützen wir »Gott« (in unwahrer, entstellter Form), um unsere Interessen durchzusetzen. Er wird dann zum mächtigen und strafenden Feind, dem man sich, um nicht vernichtet zu werden, unterwerfen und dessen Wohlwollen man durch »moralisches« Verhalten erringen muß. Erst wenn wir geistig zu wachsen und die hinter den Dingen stehende Wahrheit zu suchen beginnen, bekommen wir eine Ahnung von »Gottes«, des Unbegreiflichen, wahrer Natur und steigen auf in eine Dimension, die unendlich und daher frei von Moral und Machtkampf, Schuld und Strafe ist.

Liebe Frau ...,

wir haben jetzt ein paar objektive Befunde, so daß niemand mehr behaupten kann, Sie bildeten sich Ihre Krankheit nur ein. Dennoch sollten Sie sich davor hüten, nun ausschließlich an den körperlichen Beschwerden und medizinisch nachweisbaren Störungen herumzukurieren, denn die oberflächlichen und momentanen Erleichterungen, die Sie dadurch wahrscheinlich erreichen könnten, würden Sie vergessen lassen, daß die eigentliche Ursache Ihrer (und jeder) Krankheit im Seelischen liegt. Wenn Sie sie dort nicht überwinden, wird sie wie ein Unkraut immer wieder – in allen möglichen Formen und an den unterschiedlichsten Stellen – auftauchen und mit der Zeit Ihr ganzes Leben verderben.

Wenn wir in eine Lebenskrise geraten, haben wir uns selbst verloren und die Bedürfnisse unserer Seele mißachtet. Dann müssen wir wieder zu erkennen lernen, was für uns persönlich richtig ist. Gesundheit ist innere Harmonie; sie ist die optimale Verwirklichung dessen, was in uns angelegt ist und wozu wir bestimmt sind. Sie bedeutet, daß Körper und Seele das bekommen, was sie zu ihrer Entfaltung benötigen. Krankheit dagegen entsteht, wenn natürliche und lebenswichtige Bedürfnisse nicht befriedigt werden. Dies leuchtet uns, auf den Körper bezogen, ohne weiteres ein. Wir wissen, daß er krank wird, wenn er falsch ernährt oder behandelt wird. Daß aber auch unsere Seele am Defizit zwischen Bedürfnis und Erfüllung erkrankt, beachten wir viel zu wenig. Wir nehmen sie nicht ernst und meinen, man müsse ihr, wie einem ungezogenen

*Kind, »die Flausen austreiben«, wenn sie uns durch ihre Sehn-
süchte in Schwierigkeiten bringt. Wir versuchen, sie unter das
Joch unserer anerzogenen Moral und unserer beschränkten
Vorstellungen zu zwingen und verschließen die Augen vor dem
Unheil, das daraus entspringt: Frustration und Depression,
Haß und Unmenschlichkeit, Lebensverneinung und Schuld-
denken, Neid und Zerstörungssucht und nicht zuletzt Krank-
heiten jeder Art.*

*Bis zu einem bestimmten Grad toleriert unsere Seele die
Unterdrückung ihrer Bedürfnisse, wenn dies erforderlich ist,
um gefährliche Konflikte mit unabänderlichen Lebensumständen zu vermeiden. Sie wehrt sich aber, wenn wir unsere persönliche Wahrheit leichtfertig und unbegründet unseren Ängsten,
Vorstellungen oder Moraldogmen opfern. Diese persönliche
Wahrheit (sie ist die einzig gültige Moral) hat tausend
verschiedene Gesichter und verändert sich ununterbrochen —*
immer aber ist sie das, was uns einen Lebenssinn, inneren Frieden und Wohlbefinden gibt. *Und dies sind auch die
Kriterien, an denen wir erkennen können, ob wir uns auf dem
richtigen Weg befinden.*

*Krankheit und Leiden dagegen entstehen, wenn wir uns unter
dem Einfluß unseres in Programmen, Idealen und Tabus ge-
fangenen Verstandes weigern, unsere Lebenswirklichkeit zu
akzeptieren, die allerdings nicht nur in den äußeren Lebensumständen, sondern vor allem auch in den Eigenarten, Sehn-
süchten und Bedürfnissen unserer Seele besteht. Gelänge es uns,
unser Leben jederzeit und in jeder Hinsicht zu bejahen und
unserer inneren Stimme — den Gefühlen, Eingebungen und
Erkenntnissen — bereitwillig zu folgen, so gerieten wir nicht in
innere Konflikte und brauchten nicht zu leiden.*

*Auch Ihre derzeitige Krankheit entspringt einem solchen
Konflikt: Es gelingt Ihnen nicht, Ihre momentane Lebensrealität ganz zu akzeptieren. Einerseits haben Sie aus großer
Seelennot heraus Ihre unglückliche Ehe aufgegeben, andererseits aber machen Sie sich deswegen jetzt Vorwürfe. Ihr bewußtes*

Denken kann Ihr instinktives Fühlen und Handeln nicht gutheißen, weil dies nicht seinem moralischen Programm entspricht. *Statt zu erkennen,* daß das, was geschieht, immer richtig ist, *bezweifeln Sie,* ob das, was geschehen ist, auch geschehen durfte. *Sie weigern sich, vertrauensvoll Ihrem Schicksal zu folgen, das Sie zu diesem Schritt veranlaßt hat.*

Dieser Konflikt zerstört Ihre innere Einheit, läßt Sie leiden, raubt Ihnen die Lebensfreude und beeinträchtigt Ihre Gesundheit. Ihre Gewissensqual ist manchmal so unerträglich, daß Sie am liebsten sterben würden. »Darf man denn überhaupt glücklich sein?« haben Sie gefragt, *und in dieser Frage hat sich eine erschreckende Selbstentfremdung, ein gefährlicher Verlust Ihrer natürlichen Instinkte offenbart, denn wenn ein Mensch nicht mehr weiß, daß die Grundlage seiner Existenz die Lebensfreude ist, dann zieht sich das Leben aus ihm zurück.*

Wir lernen zwar, daß es moralisch wertvoll sei, Verzicht zu leisten, nicht »egoistisch« *zu sein – in Wirklichkeit aber ist es gerade diese Haltung, die den Menschen das größte Unglück bringt, denn Verzicht macht uns traurig oder gehässig und treibt uns dazu, auch anderen ihre Lebensfreude zu mißgönnen. Allerdings darf man Verzicht nicht mit Opfer verwechseln. Ein Opfer zu bringen bedeutet, etwas hinzugeben, um Wertvolleres – zum Beispiel Gottes Segen, menschliche Zuwendung oder einen Sinn im Leben – dafür zu bekommen. Ein freiwillig und bewußt gebrachtes Opfer macht uns froh und bereichert uns, da es einer bejahenden Haltung entspringt. Verzicht aber – da er stets die Folge äußerer oder innerer Zwänge ist – bedeutet Verneinung des Lebens, denn Leben will sich verwirklichen, will wachsen und sich entfalten; es wehrt sich gegen Beschneidung, Stagnation oder Unterdrückung. Nehmen Sie ein beliebiges Lebewesen: Es gedeiht nur, wenn es bekommt, was es braucht. Jeder weiß aus eigener Erfahrung, daß er unerfreulich, gereizt, krank, gehässig oder zerstörerisch wird, wenn sein Körper oder seine Seele etwas Wichtiges entbehren muß.*

Auch Sie werden von diesem Lebensgesetz nicht ausgenommen. Die Krankheiten, Depressionen und Verzweiflungen, unter denen Sie während Ihrer unglücklichen Ehe zu leiden hatten, haben es Ihnen gezeigt. Und auch jetzt können Sie noch nicht froh und gesund sein, weil Sie kein uneingeschränktes »Ja« zum Leben sagen, das Ihre Wünsche erhört und Ihnen die Tür geöffnet hat. »Aber müssen wir uns denn nicht klaglos ins Unvermeidliche fügen und unser Kreuz tragen? Dürfen wir uns dem Schweren, das uns auferlegt ist, entziehen?« wenden Sie ein und haben recht damit. Allerdings übersehen Sie dabei, daß dieses Unvermeidliche immer das Schicksal ist, das ja auch aus Glück besteht. Nicht nur die unglücklichen, sondern auch die glücklichen Stunden, die wir geschenkt bekommen, müssen wir bereitwillig und bewußt durchleben, *damit unser Leben einen Sinn bekommt und wir die Wahrheit (nennen Sie sie ruhig »Gott«) erkennen.*

»Darf man denn sein Glück auf dem Unglück eines anderen begründen?« haben Sie auch gefragt, denn Ihr Mann leidet darunter, daß Sie ihn verlassen haben. Zwar macht er Ihnen bittere Vorwürfe, um Sie unter Druck zu setzen, in einem höheren Sinn aber bedeuten diese, daß Sie sich über das Wesen des Glücks klar und reif dafür werden sollen. Wenn Sie seine Beschuldigungen so sehen, werden sie Sie nicht niederdrücken, sondern brachliegende Wahrheitskräfte aktivieren.

Es ist richtig: Aus Unglück kann niemals Glück entstehen. Es wäre aber ein Irrtum, wenn Sie meinten, Ihr Glück (wenn es wirklich diesen Namen verdient) könne mit dem Unglück eines anderen erkauft werden. Dies ist unmöglich, denn Glück und Unglück sind keine objektiven Umstände, sondern subjektive, innerseelische Zustände, die unabhängig von der Außenwelt auftreten und die kein anderer nachvollziehen kann. Sie sind unumgängliche Phasen und Aspekte in unserem menschlichen Reifeprozeß und Ausdruck unserer Suche nach der Wahrheit.

Keiner von uns kann die Verantwortung für das Leben eines

anderen übernehmen, und keiner kann eigenmächtig Einfluß darauf ausüben. Glück oder Unglück eines anderen liegen nicht in unserer Hand. Es ist die Vorsehung, nicht aber unser freier und verantwortlicher Wille, die uns veranlaßt, bestimmte Rollen im Leben unserer Mitmenschen zu spielen. Wir sind nur Werkzeuge, sind nur Teilchen im großen, unbegreiflichen Weltgeschehen und müssen unsere Aufgabe darin erfüllen. Vielleicht ist Ihnen jetzt die Aufgabe zugefallen, Ihren Mann »unglücklich« zu machen und dadurch aus der Betäubung eines sinnlosen Lebens wachzurütteln. Indem es Ihnen nicht mehr möglich ist, ihm zur Ablenkung von Frustrationen, innerer Leere oder Selbstlügen zu dienen, zwingen Sie ihn zur inneren Umkehr.

Überprüfen Sie jetzt alles ganz genau, was Ihnen die Stimme Ihres auf Selbstbeschuldigung programmierten Verstandes zuraunt. Es geht um nichts Geringeres als Ihr Leben. Stimmt denn die Behauptung Ihres Mannes, daß er glücklich war, als Sie noch Ihr Leben mit ihm teilten, und erst jetzt, da Sie der Stimme Ihres Herzens gefolgt sind, das Glück verloren hat? Natürlich ist es nicht die Wahrheit, denn sonst wären Sie nicht gegangen. Zudem – wenn sein »Glück« nur dadurch möglich ist, daß Sie auf das Ihre verzichten, stimmt etwas nicht daran, und Sie können ihm getrost den Vorwurf, Ihr egoistischer Wunsch nach Glück sei sein Unglück, zurückgeben. Egoismus besteht nicht darin, daß man seinen eigenen Lebensweg geht und seine urpersönlichen Rechte verteidigt, sondern daß man anderen diese Rechte abspricht und sie zum eigenen Vorteil in ihrer Selbstverwirklichung behindert. Wer Sie egoistisch nennt, ist es selbst, denn er tut dies ja, weil er etwas, was er von Ihnen verlangt, nicht bekommt.

Wenn wir von Glück und Unglück, Freude und Leid sprechen, sollten wir stets bedenken, daß diese unverzichtbar für unsere Menschwerdung und in dieser Hinsicht prinzipiell gleichwertig sind. Das Leid gleicht einer magnetischen Kraft, die uns bewußt macht, daß wir uns von der Quelle der Freude

und des Glücks entfernt haben und uns wieder dorthin zurück-
zieht. Das Glück aber gleicht einem Wirbelwind, der uns auf
jene höhere, »überirdische« Ebene unseres Seins emporhebt, die
das Ziel unserer menschlichen Existenz ist. Es stellt sich in
dem Augenblick ein, in dem wir mit unserem ganzen Fühlen
und Denken erkennen, daß alles, was uns begegnet und
widerfährt, richtig, gut und zu unserem Besten ist –
auch das »Böse« und das »Unglück«.

Gelänge es uns wirklich, jemandem sein Unglück zu nehmen,
so würden wir ihn um die Chance, zu seinem persönlichen
Glück zu finden, betrügen, denn nur indem wir das Leid
bewußt durchleben und aus eigener Kraft überwinden, können
wir das gewaltigste Wunder unseres Lebens erfahren: daß die
Grauen, Schrecken und Ungerechtigkeiten dieser unserer Welt
Ausdruck eines uns unbegreiflichen Sinnes und einer überirdi-
schen »Seligkeit« sind und uns nur deshalb so grauenvoll erschei-
nen, weil wir sie so beurteilen.

Was wir in unserer Umgebung sehen, ist in Wirklichkeit
unser eigener, innerer Zustand – das Glück genauso wie das
Unglück. Wenn wir einen seelischen Schmerz in uns tragen, so
wird er durch den Schmerz eines anderen aktiviert. Worunter
wir dann leiden, ist unser eigenes, noch ungeklärtes Unglück-
lichsein, das wir in der Umwelt widergespiegelt finden. Indem
sie uns das Unglück eines anderen Menschen erkennen läßt,
versucht unsere Seele, uns unsere eigene Situation bewußt zu
machen.

Dies ist ein schicksalhafter Wendepunkt in Ihrem Leben.
Weichen Sie nicht aus – versuchen Sie, Wahrheit und Klarheit
in Ihr Leben zu bekommen. Sie haben etwas getan, was Sie tun
mußten – und wenn Sie ganz tief in sich hineinhören, wissen Sie,
daß es richtig war. Versuchen Sie zu verstehen, was geschehen
ist. Nehmen Sie die Situation, wie sie ist. Versuchen Sie,
ehrlich zu sein, auch wenn es weh tut. Kümmern Sie sich
immer nur um den nächsten Schritt, ohne an die Vergangenheit
oder die Zukunft zu denken. Mit Ihrem heutigen Bewußtsein

können Sie weder einer früheren noch einer zukünftigen Situation gerecht werden. Es gilt nur für heute, ist das vorläufige Endergebnis Ihrer Biographie, die sich ständig weiterentwickelt. Jeder Gedanke, jedes Gefühl, jedes Erlebnis prägt und verändert Sie. Vieles von dem, was noch vor einiger Zeit gültig für Sie war, gilt heute nicht mehr, und manches, was für Sie unter den heutigen Umständen richtig ist, werden Sie morgen nicht mehr tun können. Durch diese Tatsache dürfen Sie sich aber nicht daran hindern lassen, sich so zu verhalten, wie es Ihnen heute richtig erscheint. Grundsätzlich handelt ja der Mensch immer so gut, wie es ihm unter Berücksichtigung aller ihn betreffenden und bedingenden Umstände möglich ist – auch Sie. Keiner kann vorsätzlich und bei vollem Bewußtsein etwas Schlechtes oder Falsches tun, und die Zweifel, die wir manchmal nach entscheidenden Schritten haben, bedeuten nicht, daß wir einen Fehler gemacht haben, sondern sind Aufforderungen unserer Seele, uns noch klarer über das zu werden, was uns dazu getrieben hat und was unser Leben bestimmt.

Vertrauen Sie Ihrem Schicksal, das Sie bis hierher geführt hat – warum sollte es Sie auf einmal im Stich lassen? – und versuchen Sie, das menschlich Beste aus der Situation zu machen, ohne die Wahrheit zu verraten. Versuchen Sie, Ihrem Mann Ihre freundschaftliche Haltung zu bewahren, und sehen Sie großzügig über seine menschliche Schwäche hinweg, die ihn jetzt vielleicht zu mancher Gemeinheit treiben wird. Wenn Sie barmherzig bleiben, das heißt sich stets so verhalten, daß Ihr Herz warm bleibt, werden Sie ihm gegenüber die richtige Haltung finden können. Aber lassen Sie sich nicht durch Mitleid erpressen. Denken Sie daran: Wer Mitleid erregt, ist nicht ehrlich, drückt sich vor der Verantwortung für sich selbst und will sich jemanden gefügig machen. Und wer aus Mitleid handelt, folgt nicht seinem Herzen, sondern dem Druck eines fremden, ihm aufgezwungenen Leidens. Daraus kann nichts Gutes entstehen. Versuchen Sie doch einmal, sich ganz und ohne Vorbehalt dem Glück hinzugeben. Dann wird niemand Sie unglücklich machen können. Solange Sie aber nur mit halbem Herzen glücklich sind, wird die andere Hälfte dem Unglück offenstehen. So ist es mit allem Schönen in unserem Leben: Damit es sich in seiner vollen Wahrheit offenbaren kann, müssen wir uns ihm ohne Vorbehalt und aus ganzem Herzen öffnen.

Und wenn die Schuldgefühle wieder über Sie herfallen, dann nehmen Sie endlich den Kampf mit ihnen auf. Sie sind unwahr und Feinde des Lebens, denn sie zerstören jede Freude und machen krank. Wer leben will, muß sie überwinden. Dazu allerdings muß er verstehen, was sie bedeuten: Sie sind wirksame Folterwerkzeuge zur Erziehung des Menschen und werden ihm schon in frühester Jugend ins Lebensverständnis eingepflanzt, damit er die Grenzen, die die Gesellschaft ihm setzt, nicht überschreitet. Schuldgefühle sind keineswegs Ausdruck einer höheren Moral (»Gewissen«), wie man uns immer einzureden versucht, sondern die immer wieder aufflackernde Angst vor Strafe, die wir als Kinder empfanden, wenn wir die Forderungen unserer übermächtigen Umwelt nicht erfüllen konnten.

Was geschehen ist, ist geschehen. Es sollte so sein, sonst wäre es nicht so. Nehmen Sie es zur Kenntnis und versuchen Sie, daraus eine Erkenntnis zu gewinnen. Beobachten, fühlen, denken Sie, versuchen Sie zu verstehen, was geschieht; suchen Sie Ihre eigene Wahrheit und hören Sie nicht auf das Geschrei anderer Menschen, die auch nur ihre eigenen Interessen im Sinn haben. Versteifen Sie sich auf nichts, nehmen Sie sich nichts vor, handeln Sie jeweils aus dem Augenblick, leben Sie nur von Stunde zu Stunde, von Tag zu Tag. Der Weg, den Sie gehen müssen, steht immer für Sie offen, und Sie werden ihn auf jeden Fall gehen, bewußt oder unbewußt, freiwillig oder gezwungen. Beobachten Sie, was Sie krank, negativ oder zu einer Last für Ihre Umgebung macht und was dagegen Sie erfreut oder innerlich stärkt, was Sie aufleben, Hoffnung schöpfen und sich wohlfühlen läßt. Das ist sie Stimme des Lebens, Ihres wahren Gewissens. Jede Haltung, die Ihre Fähigkeit für ein glückliches

Gefühl oder einen frohen Gedanken zerstört, ist mit Sicherheit falsch und kann nur Unheil anrichten.

Glück erzeugt Glück. Wenn Sie glücklich sind, können Sie freundlich sein, können ein Beispiel geben, Glück verbreiten und zum Glücklichsein anregen. Der Unglückliche aber kann nur sein Unglück weitergeben. Wenn es Ihnen jetzt gelänge, sich zum Glücklichsein zu bekennen, könnten Sie vielleicht, wie der Engel im Märchen, auch die Seele Ihres Mannes anrühren und ihn zur Suche nach dem eigenen Glück ermutigen. Dann könnte es sogar passieren, daß Sie beide sich unter dem Druck dieses Wandlungsprozesses so verändern, daß Sie unter anderen Voraussetzungen – offener, reifer und bewußter – eine neue, ehrlichere und vielleicht freiere Basis des Zusammenlebens finden.

Eheprobleme

Negative Gefühle entstehen aus einer negativen Haltung gegenüber dem Leben. Neid oder Haß, Eifersucht oder Verbitterung, Selbstmitleid oder Trauer, Schuld- oder Minderwertigkeitsgefühle, Hoffnungslosigkeit oder Angst zeigen, daß wir die tatsächlichen Gegebenheiten, aus denen es ja besteht, ablehnen. Je stärker unsere unerfüllbaren Wünsche und je starrer unsere unrealistischen Vorstellungen sind, desto mehr müssen wir unter ihnen leiden, weil sie uns in einen Konflikt mit jener uns überlegenen Kraft, die wir Schicksal nennen, stürzen.

»Eigentlich« müßte ja so vieles anders sein: man dürfte nicht krank oder arm sein, der Partner dürfte einen nicht verlassen, die Menschen müßten freundlicher sein und die Sonne häufiger scheinen. Die »uneigentliche« Wirklichkeit ist schuld an allem. Da wir von klein auf gelernt haben, alles Unangenehme nach außen abzuschieben und unser inneres Gift in die Umgebung abzulassen, suchen wir, wenn es uns schlecht geht, immer sofort einen Sündenbock. Er muß dafür herhalten, daß wir unfähig sind, aus einer unerfreulichen Realität etwas zu lernen, und uns weigern, die Verantwortung für uns selbst zu übernehmen. Statt uns zu fragen, was uns unser negatives Gefühl *über uns* mitteilen will, hassen und verurteilen, klagen und beschuldigen wir, man möchte fast sagen: nach Herzenslust.

Wenn wir aber unsere negativen Gefühle bewußt und

mit Ehrlichkeit durchleben, erkennen wir, daß wir nicht das unschuldige Opfer widriger Umstände oder schlechter Menschen sind, sondern daß es unsere eigenen Fehler und Schwächen sind, die uns leiden lassen. Wir brauchen ja nur unsere innere Haltung zu ändern, die uns in die Misere getrieben hat und weiterhin darin hält, brauchen uns nur zu fragen, was wir selbst dazu beigetragen haben und ob wir, die wir andere anklagen, es selbst besser machen – auch und gerade in diesem kritischen Augenblick.

Die Überwindung eines negativen Gefühls hat nichts mit Verdrängung zu tun, sondern bedeutet seine Verwandlung ins Positive. Dazu müssen wir versuchen, die Realität unseres Lebens bereitwillig zu akzeptieren und den Weg unserer Bestimmung zu gehen. Wenn es uns gelingt, unsere Probleme als willkommene, wenn auch vielleicht schwere Möglichkeiten zu persönlichem Wachstum, zur Korrektur unseres Verständnisses zu nehmen, öffnet sich uns eine andere, höhere Ebene der Selbstentfaltung als die der täglichen Bequemlichkeit und des kleinen Vorteils.

Lieber Herr ...,

Sie haben mir einen Brief geschrieben, weil Sie sich Sorgen um Ihre Frau machen. Bevor ich im einzelnen darauf eingehe, möchte ich noch etwas dazu bemerken, daß Sie ihn mir »vertraulich« geschickt haben. Das soll wahrscheinlich bedeuten, daß ich ihn vor Ihrer Frau geheimhalten soll. Grundsätzlich geht es aber nicht an, daß ich vor Ihrer Frau, die mir (wie ich hoffe) ihr Vertrauen schenkt, etwas verberge, was sie betrifft — es sei denn, es würde ihre Heilung beeinträchtigen. Ich kann als ihr Arzt mit niemandem hinter ihrem Rücken paktieren, und wenn der Betreffende es noch so gut zu meinen glaubt. (Sie würden es sich wahrscheinlich auch verbitten, wenn Ihr Arzt ohne Ihr Wissen über Sie verhandeln würde.) Deshalb will ich das Wort »vertraulich« in seinem eigentlichen Sinn verstehen und Ihnen unterstellen, daß auch Sie mir vertrauen wollen und es in mein verantwortliches Ermessen stellen, was ich mit Ihrem Brief mache. Vielleicht wird es nötig sein, daß ich ihn Ihrer Frau zeige, vielleicht auch nicht. Auf jeden Fall werde ich mich dabei vom Wunsch, Ihnen beiden weiterzuhelfen, leiten lassen.

Ein Wort, das einmal ausgesprochen oder geschrieben wurde, ist nicht mehr zurückzunehmen. Es hat einen Effekt hervorgerufen und eine Wahrheit gefördert. Wir können deshalb nicht so tun, als wäre dieser Brief nie geschrieben worden. Wir beide tragen die Verantwortung für ihn — Sie, weil sie ihn geschrieben haben, und ich, weil ich ihn gelesen habe. In diesem Sinne werde ich mich bemühen, ihn »vertraulich« zu behandeln und gehe davon aus, daß Sie Ihrer Frau gegenüber keine negativen Absichten haben.

Allerdings klingt zwischen den Zeilen nicht nur Sorge heraus, sondern auch viele Vorwürfe und unfreundliche Gefühle, da Ihre Frau Sie ja, wie Sie behaupten, herzlos verlassen hat. Die Bitterkeit, die Sie empfinden, hat sich in Ihre Worte gemischt, und ich kann verstehen, daß Sie mich bitten, ich möge auf Ihre Frau einwirken, daß sie wieder zu Ihnen zurückkehrt.

Anscheinend können Sie nicht verstehen, warum sie diesen Schritt gemacht hat — jedenfalls behaupten Sie das. Sie schreiben, sie habe alles gehabt: ein schönes Heim, genügend Geld, Ruhe und gute Behandlung. So gesehen, muß man sich allerdings wundern, warum sie — nach dieser langen Ehezeit — gegangen ist. Sie können sich das nur mit einer Geistesverwirrung erklären. Man kann sich aber noch einen anderen Grund denken: daß ihr eben doch etwas Entscheidendes gefehlt hat.

Ihre Frau ist nicht geistesgestört, aber aus der Tatsache, daß Sie sich nicht vorstellen können, was ihr gefehlt haben könnte, ergibt sich bereits die Antwort: Es hat etwas damit zu tun, daß Sie sie nicht verstehen. Gerade dieses Unverständnis hat sie in die Trennung getrieben. Natürlich kann man Ihnen deswegen keinen Vorwurf machen, denn jeder sieht die Welt mit seinen Augen. Eine Ehe aber lebt von Verständnis und Liebe.

Liebe (als irdisches Phänomen) ist — ganz allgemein gesprochen — die Anziehung und Vereinigung von zwei verschiedenen, sich ergänzenden Elementen (Gefühlen, Bedürfnissen, Wesen, Dingen), wobei ein neues, in bezug auf die Ausgangskomponenten höherwertiges Element entsteht. Sie besteht in Sehnsucht und Erfüllung und wird von uns als das Gute schlechthin empfunden. Dabei hat sie tausenderlei Erscheinungsformen und findet auf den unterschiedlichsten Ebenen statt. Wir können alles lieben, wenn es uns gut tut: unser Auto oder Haus, unseren Hund oder unsere Katze, unseren Ruf und Beruf, uns selbst, unsere Heimat, die Sonne oder den Regen, einen anderen

Menschen, die Welt oder Gott, ja selbst die Liebe. Sie ist die Kraft, die alles belebt und bewegt und sich in der anorganischen Natur als Schwerkraft oder Magnetismus, Elektrizität oder physikalische Energie, im Bereich des Lebendigen als Trieb, Instinkt und Bedürfnis und im Reiche der Seele als Sehnsucht und Sinn offenbart. Unter uns Menschen, die wir neben unserer animalischen Triebnatur auch eine unsterbliche Seele besitzen, bedeutet sie einerseits die primitive und problemlose körperliche Vereinigung, andererseits aber die hochdifferenzierte geistig-seelische Beziehung. Diese gelingt uns nur mit jenen Menschen, die unserer individuellen Eigenart entsprechen und findet um so seltener statt, je feiner und komplizierter unsere Seelenstruktur ist.

Liebe bedeutet aber nicht nur Anziehung, wie wir üblicherweise annehmen, sondern kann auch Abstoßung hervorrufen. (Man sagt ja, Liebe und Haß lägen eng beieinander.) Da die Liebe das, was füreinander bestimmt ist, zusammenführen will, muß sie gleichzeitig verhindern, daß sich Unverträgliches miteinander paart. Zu diesem Zweck verwandelt sie sich in dem Augenblick, in dem wir definitiv erkennen, daß ein Wunsch oder eine Sehnsucht nicht erfüllt werden kann, in eine ablehnende Haltung, die es uns ermöglicht, davon abzulassen. Normalerweise verlieren wir dann einfach das Interesse daran. Wenn wir aber allzu leidenschaftlich in ein aussichtsloses Begehren verstrickt sind, versuchen wir, von Haß überflutet, durch Zerstörung davon frei zu werden.

Aus der Stärke Ihrer Enttäuschung und Verbitterung (die nur Varianten des Hasses sind) können Sie erkennen, wie groß und unüberbrückbar die Kluft zwischen Ihnen und Ihrer Frau ist und wie sehr Sie sich gegen diese Erkenntnis sträuben. Wenn man einen Baum gegen seine naturgemäße Form verbiegt, so schnellt er, sobald man darin nachläßt, mit derselben Gewalt zurück, die man zuvor angewendet hat. Genauso ist Ihr Unglücklichsein und Ihre Feindseligkeit nur ein anderer Ausdruck jener zerstörerischen Gewalt, die Sie sich und Ihrer Frau angetan haben, indem Sie wider besseres Wissen eine Verbindung aufrechterhielten, in der echte Zuneigung fehlte.

Ihrer Frau war es bestimmt, die Initiative zur Auflösung Ihrer unguten Beziehung zu ergreifen. Sie aber sollten sich eingestehen, daß auch Sie damit eine große Chance bekommen haben, da eine jahrelange Frustration zu Ende geht und Sie frei für eine bessere Verbindung werden. Lassen Sie sich jetzt nicht in Haß, Bitterkeit oder Selbstmitleid fallen (denn Sie selbst werden am meisten darunter zu leiden haben), sondern versuchen Sie, bereitwillig den Zeichen Ihres Schicksals zu folgen und Ihrer Frau gegenüber eine freundschaftliche Haltung zu bewahren. Immerhin behaupten Sie doch, sie zu lieben.)

In erster Linie kommt es darauf an, sich klarzuwerden, aus welcher Motivation heraus Sie Ihre Ehe geschlossen haben. In der Jugend tendiert man ja unter dem Einfluß einer hauptsächlich auf Äußerlichkeiten ausgerichteten Erziehung dazu, seine Gefühle zu übergehen und in der Ehe vor allem Versorgung, Schutz, finanzielle Sicherheit und gesellschaftliche Stellung zu suchen oder sich damit aus dem Zwang der elterlichen Gewalt zu befreien. Mit zunehmendem Alter und größerer – meist leidvoller – Lebenserfahrung erkennt man allerdings dann oft, daß es Wichtigeres gibt und daß eine Ehe (oder eine Lebensgemeinschaft) nur dann Sinn und Glück bringt, wenn sie aus der Liebe zwischen zwei Menschen, aus der unwiderstehlichen Anziehung der Herzen, der Körper und der Seelen entsteht. Jene »Ehen« aber, die nur Geschäfte, Kompromisse oder Notlösungen sind, können nur in sehr beschränktem Umfang positive Gefühle bereiten (zum Beispiel eine gewisse Zufriedenheit über die finanzielle Sicherheit oder gesellschaftliche Stellung). Gleichzeitig machen sie in dem Maße, in dem ein Verzicht auf die Sehnsucht des Herzens stattfindet, unzufrieden, feindlich und unglücklich.

Wir tolerieren sie, weil wir von klein auf an Verzicht, Haß und Unglück gewöhnt sind und gelernt haben, daß die äußerliche Ordnung wichtiger als die innere Zufriedenheit sei. Aus diesem Geist heraus haben Sie jetzt auch Ihrer Frau das Gebot »Du sollst nicht ehebrechen!« vorgehalten. Eine einmal geschlossene Ehe, so haben Sie gesagt, müsse um jeden Preis aufrechterhalten und jedes Gefühl, das sie in Frage stellt, unterdrückt werden. Mit dieser Forderung stehen Sie nicht allein da, doch was ist das für eine Treue, die nur in Zwang und Verzicht besteht!

Da die Liebe – das Einandersuchen und Sichfinden – jene Kraft ist, aus der alles entsteht und lebt, darf sie nicht unterdrückt werden. Aus innerem Drang heraus sträubt sich jeder Mensch dagegen, mit jemandem in Kontakt gebracht zu werden, der nicht zu ihm paßt. Diese Abwehr ist, so seltsam es im ersten Augenblick klingen mag, ein Ausdruck der Liebe, und wenn jemand, der aus Dummheit oder niedrigen Beweggründen in das Gefängnis einer schlechten Ehe geraten ist, aus diesem auszubrechen und eine bessere Beziehung aufzunehmen versucht, so zeigt dies, daß er die Liebe noch nicht ganz verlernt hat.

Richtig verstanden, soll das siebte Gebot die Liebe zwischen zwei Menschen schützen, nicht aber die Ehe, wenn sie nur ein äußerlicher Rahmen ist. Ihre Interpretation bedeutet das genaue Gegenteil, nämlich Unterdrückung, denn die Liebe kann ja auch darin bestehen, daß man sich aus einer schlechten Ehe befreit und sich dem Menschen zuwendet, zu dem man paßt und den man lieben kann. Da eine gute menschliche Beziehung in sich stabil ist und nicht geschützt zu werden braucht, bezieht sich das Gebot in seiner eigentlichen Bedeutung also auf die schlechte und daher falsche Ehe und besagt: Du sollst nicht das Gesetz der wahren Ehe brechen, die darin besteht, daß Mann und Frau in Liebe zusammenleben. Deshalb sollst du niemanden heiraten, den du nicht wirklich liebst!

Und folgender Sinn liegt auch noch darin: Hast du in deiner Schwäche das Gesetz der wahren Ehe gebrochen, dann sollst du versuchen, so mit deinem Ehepartner zusammenzuleben, daß kein Haß zwischen euch aufkommt. Wenn einer von euch aber einen Menschen findet, den er lieben kann, so soll er sich ihm zuwenden, und der andere soll ihn in Frieden und Freundschaft gehen lassen.

Ketzerische Worte – ich weiß. Aber beobachten Sie nur einmal – auch bei sich selbst –, wieviel Haß, Unglück und Krankheit eine schlechte Ehe hervorruft, und zwar nicht nur bei den Ehepartnern, sondern vor allem auch bei ihren bedauernswerten Kindern! Deswegen müssen die Kinder auch so weit wie möglich aus der Spannung zwischen den Eltern herausgehalten werden. Keiner von beiden darf das Kind auf seine Seite ziehen und gegen den Ehepartner aufhetzen. Vater und Mutter sind wichtige Prinzipien und Symbole in der Seele des Menschen. Sie müssen, wenn das Kind seelisch gesund bleiben soll, unbeschädigt bleiben. Das Kind muß Vater und Mutter in der gleichen Weise lieben und achten können. Das aber ist nicht möglich, wenn sich die Eltern bei den Kindern gegenseitig schlechtmachen. Hätten Sie Kinder, so müßten diese, falls Sie weiterhin getrennt bleiben, in absoluter Gefühlsfreiheit zwischen Ihnen und Ihrer Frau »pendeln« dürfen, ohne deswegen in irgendeiner Form psychisch erpreßt zu werden. Dann würden sie die Trennung ihrer Eltern ohne Schaden überstehen. Ja, sie würden sogar, wenn sie diese in glücklicherer Lage erleben könnten, von einem quälenden Druck befreit sein, da sie ja nichts sehnlicher wünschen, als ihre Eltern glücklich zu sehen.

Die ideale Ehe ist natürlich extrem selten, denn unsere menschlichen Beziehungen sind der Spiegel unserer eigenen, oft sehr konfliktreichen psychischen Struktur. Wer eine harmonische, unkomplizierte Psyche hat, wird auch mit seinem Partner wenig Probleme haben; wer aber Widersprüche in sich trägt, wird diese in irgendeiner Form in seine Partnerschaft einbringen. So bestehen die meisten Ehen aus einer Mischung von Zuneigung und Ablehnung. Manche Menschen fühlen sich zum Beispiel von jemandem sexuell angezogen, der ihm ansonsten gar nicht liegt, oder sie verstehen sich glänzend mit jemandem, der sie erotisch überhaupt nicht interessiert.

In der Partnerschaft kann und muß man vor allem sich selbst kennenlernen. Solange es jemandem gelingt, sich mit seinen eigenen, angeborenen Konflikten zu arrangieren, kann er eine Kompromißehe ertragen, ohne besonders unglücklich oder feindselig zu werden. Wenn sich aber im Rahmen des persönlichen Reifeprozesses die inneren Schwerpunkte verschieben und der Partner keine ähnliche Entwicklung durchmacht, ist der Zeitpunkt für eine neue Beziehung gekommen. Dann zeigt sich, wieviel Freundschaft und Ehrlichkeit (von Liebe gar nicht zu reden) in dieser Ehe bestanden haben. Meistens nicht allzuviel, wie die dann ausbrechenden Feindseligkeiten und ungerechten Beschuldigungen zeigen.

Leider können auch Sie jetzt nicht ganz der Verlockung widerstehen, Ihrer Frau die Schuld am Scheitern Ihrer Ehe aufzubürden. Bedenken Sie aber: Wenn zwei Menschen auseinandergehen, so verfolgt jeder von ihnen eine andere – seine persönliche – Richtung. Welche ist die richtige – Ihre oder die Ihrer Frau? Sind Sie bereit, Ihrer Frau zuliebe von Ihrem Weg abzuweichen, wie Sie es jetzt von ihr verlangen? Wenn Sie ganz ehrlich zu sich sind, werden Sie sich eingestehen, daß Sie diese Entwicklung schon lange vorausgesehen und stillschweigend gebilligt haben.

Ich weiß, daß Sie es jetzt schwer haben. Das Schicksal hat Ihnen eine Bewährungsprobe auferlegt, indem es Ihre Frau gezwungen hat, sich von Ihnen zu trennen. Sie werden sie aber nur dann bestehen, wenn Sie sich bemühen, darin menschlich zu wachsen. Wenn wir etwas, was wir gerne möchten, nicht bekommen, oder etwas, woran wir hängen, verlieren, so zeigt dies nur, daß uns etwas Besseres oder Wertvolleres bestimmt ist. Gerade, wenn nichts mehr geht, muß man beginnen, Vertrauen zu entwickeln. Wer weiß – vielleicht werden Ihnen jetzt die Wege zu einer besseren Partnerschaft geöffnet – vielleicht finden Sie beide durch diese Krise wieder zueinander. Lassen Sie es offen, versuchen Sie nur, freundschaftlich und großzügig zu bleiben.

Ihre Frau muß allein herausfinden, welcher Weg für sie richtig ist. Wir beide aber, die wir doch wollen, daß es ihr gut geht, können sie durch Verständnis und Freundschaft dabei unterstützen. Das ist das Wichtigste, was sie für ihre angeschlagene Gesundheit braucht. Schon Hahnemann, der Begründer der Homöopathie, sagte vor über 150 Jahren: »... mit weit weniger Beeinträchtigung der Gesundheit kann der unschuldige Mensch zehn Jahre in der Bastille oder auf der Galeere körperlich qualvoll verleben, als etliche Monate, bei aller körperlichen Bequemlichkeit, in einer unglücklichen Ehe oder mit einem nagenden Gewissen.«

Wenn Sie Ihrer Frau wirklich gut gesonnen sind, dann tragen Sie das Ihre dazu bei, daß sie weder unter der einen noch der anderen Qual zu leiden hat. Es lohnt sich immer, über den eigenen Schatten zu springen!

Vorsorge

Angesichts der ständigen Zunahme chronischer und schwerer Krankheiten hat man erkannt, daß Prophylaxe wichtiger ist als Therapie und großangelegte Untersuchungsprogramme zur sogenannten Vorsorge gestartet. Der Sinn dieser aufwendigen Untersuchungen ist, die so entdeckten, beginnenden und bisher für leicht gehaltenen Krankheitszustände der offiziell anerkannten Therapie zuzuführen. Das bedeutet, daß man die Krankheitssymptome in einem noch früheren Stadium als bisher üblich unterdrückt oder operiert. Die Ergebnisse sind bekanntlich sehr unbefriedigend, denn die Morbidität unserer Gesellschaft nimmt ununterbrochen zu.

Das erstaunt niemanden, der sich die Mühe macht, der eigentlichen Problematik auf den Grund zu gehen, denn was geschieht bei dieser »Vorsorge«? Man überprüft nur, ob die gefürchtete Krankheit schon so weit fortgeschritten ist, daß sie mit den relativ groben Methoden der wissenschaftlichen Medizin erfaßt werden kann. Grob deshalb, weil sie in der Regel nur die organische Veränderung, die Gewebeschädigung oder schwere Funktionsentgleisungen sucht. Deren Vorstadien aber tut sie als sogenannte funktionelle, nicht weiter ernst zu nehmende Störung ab, weil ihr das Verständnis und die Behandlungsmöglichkeiten dafür fehlen. Im Verdachtsfall beschränkt man sich tatenlos auf regelmäßige Kontrollen. Wenn aber der Prozeß trotz allen Hoffens vorwärtsgeschritten ist, schneidet man das Gröbste weg und hofft weiter, falls man nicht vorsichtshalber mit Strahlen und Chemie den Teufel mit dem Beelzebub auszutreiben versucht.

Daß jede Krankheit im Kleinen beginnt, ist eine an sich banale Feststellung. Sie besagt aber nicht nur, daß organische Veränderungen zunächst als funktionelle Störungen beginnen (daher ihre enorme therapeutische Bedeutung), sondern daß jeder körperlichen Erkrankung eine geistig-seelische Störung vorangegangen ist. Vorsorge, wenn sie wirklich effektiv sein soll, muß also hier, an der gestörten Körperfunktion und am inneren Ungleichgewicht ansetzen. Die Behandlung der funktionellen Störungen, die der offiziellen Medizin uninteressant erscheint, hat daher in der Prophylaxe (die eigentlich immer bereits Therapie ist) entscheidende Bedeutung, und da hier die Weichen für die Zukunft gestellt werden, hängt es von ihrer Qualität wesentlich ab, wieviele schwere Endzustände dann in den Kliniken zu behandeln sind. Der Naturmedizin, deren Erfolge gerade auf diesem Gebiet unbestritten sind, kommt deshalb eine Schlüsselstellung in der gesamten Gesundheitspflege zu.

Noch wichtiger und letztlich entscheidend aber ist die »innere Vorsorge«. Daß sie so sehr vernachlässigt wird, ist nicht verwunderlich. Sie besteht nämlich in der mühsamen Arbeit an sich selbst und darin, daß man lernt, sein Schicksal anzunehmen. Das heißt, man muß bereit werden, seine Wünsche und Vorstellungen in dem Augenblick aufzugeben, in dem die Lebensrealität ihnen nicht mehr entspricht. Wer gerade in jenen Situationen, in denen alles schiefgeht, wo Gefahr droht, Verluste erlitten werden müssen, wo man krank wird und vielleicht sogar sterben muß, nicht verzweifelt, sondern eine Chance zu persönlicher Bewährung und seelischem Wachstum sieht, der hat gut vorgesorgt. Er wird Kraft und Weisheit aus diesen Situationen beziehen, statt zu leiden oder daran zu zerbrechen.

Was helfen uns denn alle äußerlichen Absicherungen und Vorsorgemaßnahmen, wenn wir innerlich unsicher und schwach sind? Was nützen uns Gesundheitsprogramme, Impfungen und Rettungsdienste, wenn wir uns doch nicht hundertprozentig auf sie verlassen können? Sie schaffen nur die Illusion von Sicherheit, die unsere natürlichen Schutzinstinkte ausschaltet und uns träge und lebensunfähig macht.

Etwas vermeiden zu wollen, heißt, es zu fürchten. Wenn wir aber sagen können: »Ich bin für mein Schicksal bereit und will versuchen, aus allem, was mir auferlegt wird, das beste zu machen«, so wird unser Geist wach und unser Herz frei. Dann wird das Leben – je nach Temperament – zu einem sinnvollen Lernprozeß oder einem großen Abenteuer, bei dem der höchste Preis zu gewinnen ist. Tatsächlich ist es ja die (meist unbewußte) Suche des Menschen nach dem Wunderbaren und Außergewöhnlichen, die ihn immer wieder veranlaßt, den Kreis des Gewohnten zu durchbrechen und Risiken einzugehen. Irgendwie ahnen wir, daß uns jenseits unserer abgesicherten Alltäglichkeit etwas Großes erwartet, das den höchsten Einsatz wert ist. Unser Leben entartet zu fader und frustrierender Eintönigkeit, wenn wir nicht ständig mutigen Herzens das Wagnis einer unbekannten Zukunft aus uns nehmen und zum Beispiel in unbekannte Länder reisen, etwas Neues lernen, fremden Menschen begegnen oder jeden Morgen einen neuen, ungewissen Tag beginnen. Ist der Optimismus, der uns sagen läßt, »Es wird schon gut gehen«, der uns belebt, gesunderhält und zufrieden macht, nicht Ausdruck unseres Vertrauens in jene unbegreifliche Kraft, die alles bewirkt und die die einen Glück, die anderen aber »Gott« nennen?

Das Unbegreifliche zu erfahren und die *Wahrheit* zu erkennen, ist der Sinn unseres Lebens. Deshalb treibt uns unsere Seele, wenn wir nicht bewußt auf die Suche danach gehen, unbewußt in leiderfüllte Situationen, in denen all die vordergründigen Sicherheiten, an die wir uns geklammert hatten, wertlos und die Werte, denen wir unsere persönliche Wahrheit geopfert hatten, bedeutungslos werden. Erst wenn »nichts mehr geht«, wenn jeder Widerstand gebrochen und alles verloren ist, wird unser Blick frei für das, was nicht zerbrochen werden und nicht verlorengehen kann.

Liebe Frau . . ., lieber Herr . . .,

*wenn der Bauer die Aussaat vornimmt, wählt er gutes Saatgut,
den geeigneten Boden, den richtigen Zeitpunkt und beachtet die
Regeln seiner Kunst. Ob die Saat aber aufgeht, liegt nicht in
seiner Hand, darüber entscheidet eine höhere Instanz.*

*Bei der Behandlung einer Krankheit ist es ähnlich. Auch
wenn der beste Arzt die beste Therapie gewählt hat und der
Patient alles tut, was er kann, ist es doch stets unsicher, ob sich
der Erfolg einstellen wird. Wir können nichts erzwingen, was
»nicht sein soll«. Deshalb müssen wir für alle Eventualitäten
offen sein und, besonders wenn wir krank geworden sind, versuchen, auch das, was uns als Unglück erscheint, bereitwillig
anzunehmen. Dadurch verliert es seinen Schrecken, und wir
bekommen jene innere Gelassenheit, die die Voraussetzung für
eine Heilung darstellt.*

*Normalerweise meinen wir ja, wir dürften nicht krank
werden oder gar sterben. Deshalb versuchen wir, das, was wir
unter Gesundheit verstehen, mit allen Mitteln zu erreichen und
können im Tod nur Niederlage und Verlust sehen. Ist das aber
richtig? Ist unser Leben wirklich verpfuscht und sinnlos, wenn
wir nicht geheilt werden? Wenn man sieht, mit welcher Überzeugung der heutige Mensch immer größere Anstrengungen zur
Vorsorge gegen Krankheiten aller Art unternimmt, könnte
man meinen, es sei tatsächlich so. Auch Sie sind in Sorge, wenn
Sie nicht die empfohlenen Impfungen und Routinekontrollen
bekommen, wenn Sie sich nicht ausreichend versichert oder gegen
Unfälle geschützt haben. Daher haben Sie mit Erleichterung*

zur Kenntnis genommen, daß die jetzt durchgeführten Untersuchungen normal ausgefallen sind. »Gesundheit ist nicht alles, aber ohne Gesundheit ist alles nichts!«, haben Sie gesagt. Wer würde dem widersprechen? Neigen wir nicht alle dazu, den Wert unseres Lebens daran zu messen, ob alles reibungslos läuft, ob unsere Wünsche in Erfüllung gehen, ob wir keine Beschwerden haben und alles tun können, was wir wollen?

Und doch – warum werfen wir dann dieses Leben, sobald es durch Krankheit, Schmerz oder Unglück zum wertlosen »Nichts« geworden ist, nicht weg? Warum erträgt der Kranke sein Leid, warum bringt sich nicht jeder Unglückliche um? Weil das Leben, wie wir alle aus eigener Erfahrung wissen, noch eine andere Seite hat, für die es sich lohnt, zu leiden und zu kämpfen, und die uns Reife und inneren Reichtum gibt. Sie offenbart sich uns aber erst dann, wenn unsere Lebensroutine zusammengebrochen ist und »alles anders gekommen ist, als es sollte«, wenn das, wogegen wir uns mit so großer Sorge abzusichern versuchten, eingetreten ist und das Leid uns die Augen zu öffnen beginnt. Dann spüren wir uns einer höheren Wahrheit konfrontiert, dann verschieben sich die Werte, und wir beginnen, sinnlosen Ballast abzuwerfen.

Das Leid hat zwei Seiten. An Ihnen allein liegt es, welche Seite sich Ihnen zeigt. Wenn Sie mit Abwehr, Klagen, Selbstmitleid oder Beschuldigungen darauf reagieren, wird es Sie nur quälen. Wenn Sie sich aber eingestehen, daß Sie es durch einen Fehler selbst verursacht oder (unbewußt) zu einem bestimmten Zweck herbeigerufen haben und es also nicht sinnlos ist, wird es Ihnen zum Wegweiser in ein besseres Leben. Wenn Sie dann zu suchen beginnen, werden Sie entweder herausfinden, welches Gesetz der Natur oder Ihres Körpers Sie übertreten haben oder erkennen, daß alles, was uns geschieht und widerfährt, richtig und gut ist, weil sich darin jene geheimnisvolle Macht manifestiert, die alles bewirkt. (Uns zu dieser Erkenntnis zu verhelfen, ist das erste und wichtigste Anliegen jeder Krankheit, jedes Leidens und jedes Mißgeschicks.)

Sobald Sie Ihren Fehler eingesehen und davon abgelassen haben, verschwindet der dadurch hervorgerufene Schmerz. Wenn Sie aber Vertrauen in Ihr Schicksal gewonnen haben, verwandelt sich Ihr Leiden in Kraft und Zuversicht. Dann vergeht Ihre Angst wie ein Spuk in der Sonne, und Sie können die Frucht Ihres Lebens ernten, selbst wenn sie im Feuer einer Krankheit statt im milden Klima eines unbeschwerten Lebens reift. »Weshalb soll ich mir eigentlich Sorgen machen?«, werden Sie sich dann fragen, »da doch schon für mich von Jenem gesorgt ist, der mir dieses Leben und Schicksal gegeben hat?« In diesem Augenblick werden Sie tatsächlich keine Vorsorge mehr benötigen, denn Sie werden bereit und in der Lage sein, auch und gerade aus einer Krankheit oder einem Schicksalsschlag Lebenswert zu beziehen.

Wer für die unbegreifliche und wunderbare Seite seines Lebens blind geworden ist, wird solche Gedanken natürlich nicht ernst nehmen können. Er wird sich lieber auf Statistiken verlassen, die ihm sagen, daß er, wenn er diese oder jene Maßnahme ergreift, mit soundso großer Wahrscheinlichkeit der gefürchteten Katastrophe entgehen wird. Aus Angst vor dem Irrationalen, Unberechenbaren sucht er Schutz bei seinen Berechnungen. Da er dabei aber die Tatsache ignoriert, daß eine Statistik niemals für das Individuum gilt (das er ja dennoch bleibt), macht er sich nur selbst etwas vor. Wieso soll gerade er zu jenen gehören, die in den positiven Anteil seiner Statistik fallen? Wieso soll nicht gerade er es sein, auf den sich die Versagerquote bezieht, und wenn sie sich »nur« auf ein Prozent beläuft? Er braucht dies nur zu bedenken, um zu erkennen, wie wenig seine theoretische Sicherheit angesichts der Unabsicherbarkeit des Lebens taugt.

Natürlich ist der Versuch, sich Leid und Krankheit zu ersparen, richtig, denn das Leben in uns will nicht leiden. Sich, so weit es geht, gegen offenkundige Gefahren zu schützen, ist ein selbstverständlicher Akt der Vernunft. Diese nur äußerliche Vorsorge ist jedoch ungenügend, wenn nicht gleichzeitig auch

»innere Vorsorge« betrieben wird. Diese bedeutet nicht nur, daß man lernt, der Lebenswirklichkeit einen Sinn abzugewinnen und sein Schicksal anzunehmen, sondern auch, daß man empfindsam für die Bedürfnisse seines Körpers und seiner Seele wird und aufhört, gegen sich selbst zu leben. Das bezieht sich sowohl auf die äußeren Umstände, auf Ernährung, Wohn- und Arbeitsbedingungen, Freizeit und menschlichen Umgang, als auch darauf, wie man auf die Gegebenheiten seines Lebens reagiert.

Wenn wir uns negativen Emotionen hingeben, wenn wir Haß oder Wut, Neid oder Eifersucht, Selbstverurteilung oder Selbstmitleid, Stolz oder Habgier, Angst oder Sorge, Verbitterung oder Enttäuschung und was es sonst noch an Gefühlsentartungen gibt, in uns züchten, so werden wir – und das weiß jeder aus eigener Erfahrung – mit Sicherheit krank. Was nützt dann die ganze äußere Vorsorge, wenn der Feind innen sitzt? Immer, wenn wir das, was ist, nicht wahrhaben wollen, erheben sich die negativen Emotionen wie unheilbringende Stechmücken und vergiften unser Herz und unseren Geist.

Wer trifft hierfür Vorsorge? Wer lernt beizeiten, seinem Schicksal bereitwillig zu folgen und seinem Leben das Positive abzugewinnen? Angesichts dieser schweren Arbeit, die ja höchste Selbstverantwortung und Ehrlichkeit verlangt, ist es nur verständlich, wenn wir ausweichen und hoffen, daß alles gut gehen möge. Dennoch erfahren wir immer wieder, daß wir nicht entrinnen können, daß wir die schweren Stunden, die uns bestimmt sind, durchleben müssen. Wenn wir dann nicht zu Boden gehen, sondern daraus in ehrlichem Ringen etwas Wertvolles für unser Seelenheil gewinnen können, haben wir eine gute Vorsorge getroffen.

»Soll ich mich dann also keiner Kontrolle zur Krebsvorsorge unterziehen?« haben Sie gefragt. Solange Sie sich diese Frage nicht selbst beantworten und mit der Untersuchung Ihre Angst besänftigen können, sollten Sie nicht auf sie verzichten. Es wäre aber falsch, wenn Sie daraufhin Ihre innere Vorsorge

vernachlässigen würden. Jede Krankheit kann von heute auf morgen entstehen, wenn Sie Ihren seelischen Frieden verlieren. Deshalb überprüfen Sie auch Ihre Psyche, ob darin nicht krankmachende oder lebensverneinende Tendenzen schlummern.

Vor allem aber hüten Sie sich vor der Meinung, Ihre Zukunft liege in der Hand Ihrer Ärzte oder hinge von irgendwelchen Untersuchungen ab. Dadurch werden Sie von ihnen abhängig und verlieren die wichtigste Grundlage Ihrer Gesundheit: die Fähigkeit, aus eigener Kraft zu leben und aus jedem Augenblick Ihres Lebens Kraft, persönliche Reife und Selbsterkenntnis zu gewinnen. Jedes kleine Problem, jeder kleine Schmerz, jeder kleine Verlust, jede kleine Niederlage, jedes kleine Mißgeschick ist in Wirklichkeit eine Bewährungsprobe des Lebens. Die Stärke und die Weisheit, die Sie in den kleinen Prüfungen erringen, stehen Ihnen auch für die großen zur Verfügung. Wenn Sie dieses Lebenstraining täglich und bei jeder sich bietenden Gelegenheit betreiben, treffen Sie eine Vorsorge, die Sie nie im Stich läßt.

Sisyphus

Unser Leben gleicht einer Wanderung durch ein bergiges Land: Wir erklimmen den vor uns liegenden Berg, ohne zu wissen, was dahinter liegt, doch stets in der Hoffnung, daß dann die Mühsal ein Ende haben werde. Aber jedesmal, wenn wir den Gipfel erreicht haben, tut sich ein neuer Horizont auf, müssen wir erkennen, daß wir noch lange nicht am Ziel sind. Vor uns liegt eine endlose Reihe geheimnisvoller und furchterregender Berge, über die unser Weg führen wird. Wenn wir weiter wollen, müssen wir wieder hinunter ins dunkle Tal und wieder hinauf auf den nächsten Gipfel. Es ist ein Weg ohne sicheres Ziel, der uns oft Verzweiflung bereitet und uns nach dem Sinn des Ganzen fragen läßt.

Der Grund dafür liegt in unserem Wunsch, endlich irgendwo angekommen zu sein und etwas Dauerhaftes und Verläßliches zu besitzen. Wir wollen ausruhen wie im Schlaraffenland, nachdem wir uns durch den Grießbrei gefressen haben, wollen uns nicht mehr abmühen, keine Berge erklimmen oder hinuntersteigen, keine Ziele anstreben, von denen wir immer wieder enttäuscht werden. Meistens meinen wir ja, wenn ein bestimmter Wunsch in Erfüllung gegangen sei, werde sich alles ändern und unser bis dahin unerfreuliches Leben endlich erfreulich. Wenn es dann soweit ist, müssen wir erkennen, daß dies eine Illusion war.

Immer wieder erleben wir, daß es für uns, die wir den wirklichen Sinn unserer Existenz nicht kennen, kein endgültiges Ziel gibt. Solange diese Erfahrung aber nicht zum elementaren Bestandteil unseres Bewußtseins geworden ist, erleben wir immer wieder Enttäuschungen (weil wir ja von einer Täuschung befreit wurden) und empfinden unser Leben als sinnlos (weil wir den Sinn zu sehr im Vordergrund suchten).

Unsere Werke verfallen wieder, wir verlieren unsere Eroberungen, und unsere Erkenntnisse erweisen sich als revisionsbedürftig. Und dennoch müssen wir schaffen und erbauen, erobern und besitzen, erkennen und hoffen. Wir tragen die irdische Winzigkeit und Vergänglichkeit, aber auch die göttliche Ewigkeit in uns. Unser Blick reicht gerade bis zum nächsten lächerlichen Ziel, und doch wissen wir um die ewige Ordnung. Immer wieder erweisen sich Situationen, die wir momentan für katastrophal hielten, später als segensreiche Wendepunkte oder Ziele, von deren Erreichen alles abzuhängen schien, als falsch. Täglich steigt der Phönix aus der Asche auf, entsteht aus Schutt und Trümmern etwas Neues und geht unser Leben trotz allem weiter.

Sisyphus ist die Symbolfigur für Menschen, die dazu verdammt sind, eine schwere, aber vergebliche Arbeit zu leisten. Er ist der Mensch, dessen Ziel sich immer wieder als unerreichbar erweist und dem der Erfolg unter den Fingern zerrinnt. Er ist ein Symbol für uns alle, deren Leben vergänglich und deren Horizont beschränkt ist.

Unser Weltbild ist relativ, weil es aus unserer subjektiven Erkenntnis entsteht. Von der richtigen Relation aber hängt es ab, ob wir etwas als sinnvoll empfinden oder nicht. Wenn wir uns bemühen, unser Leben vorurteilsfrei zu betrachten (weil wir die Fragwürdigkeit unserer Vorurteile kennen), verschieben sich die Relationen unseres Verständnisses, und unser Bewußtsein öffnet sich für jene letztlich unbegreifliche Ordnung, deren

Sinn auch in Zerstörung und Verlust, Krankheit und Tod besteht.

Im Äußeren sehen wir immer nur unsere inneren Bilder, und in unserem Alltag begegnet uns stets das, was wir in uns tragen. Wir gestalten unser vordergründiges und greifbares Leben aus dem formlosen Hintergrund unserer Seele. Deshalb werden wir, solange wir das Bild von einem Sisyphus, der zum Unglück verdammt ist, in uns tragen, auch sein Schicksal erleiden.

Liebe Frau . . . , lieber Herr . . . ,

als Sie Ihren schweren Rückfall hatten, kam mir wieder der Mythos von Sisyphus ins Gedächtnis. Nach monatelanger mühsamer Kleinarbeit durften wir ja auf baldige Genesung hoffen. Nun stehen wir wieder am Anfang, und Ihre Frage, ob es denn überhaupt einen Sinn habe, weiterzumachen, erscheint nur allzu berechtigt.

Erinnern Sie sich an Sisyphus? Er war dazu verurteilt, einen großen Stein auf einen Berg hinaufzuschaffen, und jedesmal, wenn er oben angekommen war, rollte dieser wieder hinunter, so daß er von vorne beginnen mußte. Eine ewig neue Kraftanstrengung, die zu nichts führte. Diese Erfahrung machen auch wir fast jeden Tag. Immer wieder wird unsere Mühe zunichte gemacht, immer wieder geht etwas schief, immer wieder rollt der Stein den Berg hinunter.

Die Tragik des Sisyphus war, daß er nicht wußte, was er tat. Er verrichtete seine schwere Arbeit und litt darunter, daß sie ihm immer vergeblich schien. Uns geht es genauso, solange wir meinen, es gäbe ein endgültiges Ziel, die Probleme ließen sich aus unserem Leben verbannen oder die Krankheiten endgültig überwinden. Die Enttäuschung, die wir erleben, wenn sich die Rückfälle und Mißerfolge einstellen, zeigt uns dann stets aufs neue, daß wir uns getäuscht haben. Wie jener Sisyphus laufen wir einer Illusion hinterher, weil wir uns unserer Lebenssituation nicht bewußt sind.

Gerade unsere Fähigkeit zur Bewußtheit ist es aber, die uns aus der übrigen Schöpfung heraushebt. Wir können erkennen, daß wir existieren, können uns kritisch beurteilen, unsere Welt in bestimmten Gesetzmäßigkeiten erfassen und unserem Leben eine gewisse Berechenbarkeit geben. Dies zwingt uns zur persönlichen Auseinandersetzung mit allem, was uns begegnet. Vor allem aber müssen wir erkennen, daß die Beziehungen unseres Ichs zum Leben und zur Welt einem ständigen Wandel unterworfen sind, der die Grundlage unserer menschlichen Entwicklung darstellt.

Solange wir uns diesem uns täglich verändernden Entwicklungsprozeß zu entziehen versuchen und glauben, wir könnten zuverlässige Verhältnisse schaffen oder unsere Zukunft in einer bestimmten Weise absichern, befinden wir uns in der Rolle des Sisyphus, der hoffte, daß der Stein, den er mit so großer Mühe auf den Berg geschafft hatte, dort für alle Zeiten liegen bleibe. Und dann erleben wir, daß er plötzlich wieder hinabrollt und sich das angestrebte Ziel als Fata Morgana erweist.

In diesen Augenblicken aber, in denen wir die Welt nicht mehr verstehen, in denen sich unsere Annahmen als falsch und unsere Wünsche als unrealisierbar erweisen, geraten wir in einen hautnahen Kontakt mit dem Unbegreiflichen, das einen so großen Teil unseres Lebens ausmacht und das wir dann Zufall oder auch Unfall nennen. Es zeigt uns die andere, »jenseitige« Dimension unserer Existenz, in der unser rationales Weltbild keine Gültigkeit besitzt. In der Auseinandersetzung mit dieser Dimension, die die Ursache der Katastrophen und Überraschungen unseres Lebens ist, entsteht unsere Bewußtheit.

Sisyphus aber fragt verbittert, welchen Sinn es haben soll, wenn alles, was er aufgebaut hat, wieder zerstört wird, wenn sich seine Wege als Irrwege erweisen, wenn er krank wird oder sterben muß. Weil er ein festes Ziel und klare Vorstellungen hat, weil er wünscht, daß sein Erfolg von Dauer sei, kann er keinen Sinn darin finden, und das ist seine Qual. Höchstens könnte er mit der Zeit vorsichtig werden und den Stein nur ein bißchen voranrollen. So könnte er zwar den großen Mißerfolg vermeiden und auf seine kleinen Scheinerfolge stolz sein, doch wo bliebe seine Chance, den Berggipfel zu erreichen und im Zusammenstürzen seines Werkes das grandiose Erlebnis der Wandlung und Erneuerung zu erleben, die das Wesen der menschlichen Existenz sind?

Jeder neue Gedanke, jeder wirkliche Schritt, jedes echte Erlebnis erweitert unseren geistigen Horizont. Dabei rollt aber auch der Stein unserer Vorstellungen und Wünsche den Berg der Realität wieder hinunter. Der Schmerz, den wir dabei empfinden, könnte uns für das Geheimnis unseres Lebens öffnen. Wir könnten fühlen, daß in jedem unserer Erfolge gleichzeitig der Mißerfolg liegt, daß jeder Sinn, den wir finden, gleichzeitig unsinnig ist und daß unser Leben ständig den Tod in sich trägt.

Obwohl wir uns unablässig um Gesundheit und Erfolg bemühen, haben wir keine Sicherheit, daß wir sie auch erringen. In alles mischt sich ein unbekannter Faktor, von dem es letztlich abhängt, ob wir Erfolg haben und welche Entwicklung unser Leben nimmt. Er entzieht sich dem Zugriff unseres logischen Verstandes und unserer routinierten Hand. In jeder nur denkbaren Weise abgesichert, erleben wir, daß ein kleiner »Zufall« alles zunichte macht. Dieser Umstand mag im geregelten Ablauf unseres Alltags nicht so deutlich zutage treten – in der Krankheit, diesem Niemandsland zwischen Leben und Tod, ist er jedoch ein ständiger Begleiter. Hier nehmen wir hinter den Konturen des »Diesseits« das »Jenseits« wahr. Hier bekommt das Leben die Tiefe jener anderen Dimension, die wir so fürchten und doch ständig suchen. Im Angesicht von Krankheit und Tod verschieben sich die Schwerpunkte unseres Lebens. Was uns sonst wichtig erschien, wird unbedeutend. Alles relativiert sich auf das, was plötzlich in unser Leben eingebrochen ist. Wer sich ihm konfrontiert sieht, ob Patient oder Arzt, muß erkennen, daß das menschliche Leben gerade in der Krankheit eine Erweiterung erfährt, weil sie uns das MEMENTO MORI! zuruft, das wir in unserer Oberflächlichkeit ständig überhören.

Auch unsere Krankheit ist die Stimme des Lebens. Sie hat uns etwas mitzuteilen, ist kein Irrtum, keine »Entgleisung« der Natur. Sie stellt alles in Frage und zwingt uns, wieder von vorne mit der Suche nach einem Sinn zu beginnen. Wir können ihr nicht ausweichen, müssen uns ihr stellen, sie zu verstehen suchen. Wenn wir mit ihr nichts zu tun haben wollen, überfällt sie uns um so vehementer und versucht, uns durch Schmerzen und Verzweiflung daran zu erinnern, daß wir uns vor dem nächsten Wachstumsschritt zu drücken versuchen, wie Sisyphus, als er seinen Mißerfolg verfluchte.

Fünf-Minuten-Medizin

Wer viel und billig produzieren will, braucht Maschinen. Da die Medizin sich, ähnlich einer Industrie, zu einem Massendienstleistungssystem mit »Anbietern von Gesundheitsleistungen« entwickelt hat, werden heute viele ärztliche Leistungen von hochentwickelten Apparaten erbracht. Dies ist auch im Sinne des modernen Patienten, der Gesundheit als eine Art Ware betrachtet, die man für Geld kaufen kann und auf die man ein staatlich garantiertes Recht hat. Er will schnell, billig und ohne persönliche Mitarbeit gesund werden und findet es richtig, daß die offizielle Medizin seine Krankheit mit Hilfe von exakten, unbeteiligten Maschinen auf ein paar simple und nüchterne Labor-, Röntgen- und Untersuchungsbefunde reduziert und ihn selbst zum wissenschaftlich verwertbaren »Fall« degradiert.

Meistens sieht es so aus: Der Patient hält sich für das unschuldige Opfer seiner Krankheit und verlangt, daß der Arzt sie ihm auf angenehme Weise wieder beseitige. Der Arzt nimmt dabei statt eines kranken, subjektiven Menschen nur ein objektives Krankheitsbild zur Kenntnis, das er, wie der Mechaniker einen Maschinendefekt, nach den jeweils neuesten Erkenntnissen der Medizinwissenschaft wieder zum Verschwinden bringt. Da sich solche »Gesundheits«-Reparaturen im Zeittakt industrieller Massenproduktion durchführen lassen, verlangen sie weder vom Patienten noch vom Arzt großen persönlichen Einsatz und bringen beiden obendrein finanzielle Vorteile.

Daß dieses Verfahren auf Dauer nicht gutgehen kann, leuchtet jedem, der in einer Krankheit mehr als eine lästige Panne und im Menschen mehr als eine Maschine aus Fleisch sieht, ohne weiteres ein. Die an diesem Unsinn Beteiligten bekommen über kurz oder lang am eigenen Leib und in Form immer komplizierterer Krankheiten zu spüren, daß sie gegen Grundgesetze der menschlichen Natur verstoßen.

Mancher fühlt dann, wie sehr ihm eine Medizin, die ihn auf die primitive Ebene von Wissenschaft und Technik herabzieht, in seinem ganzen Menschsein schadet, und beginnt nach einem Arzt zu suchen, der ihn als Mensch und nicht als Behandlungsobjekt sieht, der sich für sein Problem interessiert und nicht nur Labor- und Röntgenbefunde behandelt, der für ihn Zeit hat und sich nicht hinter Apparaten, Untersuchungen oder Prozeduren versteckt und der vor allem die Sprache seiner Seele versteht. Um einen solchen »unmodernen« und »unwissenschaftlichen« Arzt zu finden und mit ihm zusammen das Abenteuer seiner Krankheit bestehen zu können, muß er allerdings aus ganzem Herzen suchen und zur ernsthaften, oft schmerzlichen Auseinandersetzung mit sich selbst und seinem krankmachenden Problem bereit sein.

Wer es aber lieber bequem hat und am Einsatz sparen will, der ist mit der Fünf-Minuten-Medizin gut bedient, sei er nun Patient oder Arzt.

Liebe Frau . . ., lieber Herr . . .,

*»Das ist ja die reinste Fabrik; da wird man durch die Mühle
gedreht, bis einem Hören und Sehen vergeht, und anschließend so
mit Gift vollgepumpt, daß man noch kränker wird!« Dies
war Ihr Kommentar über Ihren letzten Arztbesuch. Sie haben
sich zwar ziemlich drastisch ausgedrückt, doch scheint etwas
Wahres daran zu sein, denn solche Worte bekomme ich immer
wieder zu hören.*

*Sie haben recht, wenn Sie sich darüber beschweren, daß Ihr
Arzt sich nicht gründlich genug mit Ihnen beschäftigt und Sie
nach »Schema F« mit schnell und radikal wirkender Chemie
behandelt. Wenn Sie aber bedenken, daß der Arzt die Krankheit seines Patienten gewissermaßen zu seiner eigenen machen
und bewußt selbst durchleiden muß, um sie verstehen zu können, werden Sie sich nicht so sehr darüber wundern. Wer will
schon krank sein, wer will leiden? Wären Sie an seiner Stelle
dazu bereit? (Andererseits bedeutet sein Beruf, daß er sich
bereit erklärt hat, durch freiwilliges Mitleiden nach Wegen
und Erkenntnissen zu suchen, die seinen Patienten vom Leid
befreien.)*

*Lassen Sie sich aber auch fragen, wieso Sie überhaupt zu
einem Arzt gegangen sind, der Ihrer Krankheit ohne persönliche Ergriffenheit begegnet und sich mit Hilfe von »Wissenschaft«, Technik und objektiven Befunden dagegen abschirmt?
Niemand hat Sie ja dazu gezwungen. Könnte es nicht vielleicht
daran liegen, daß Ihnen diese nüchterne Fünf-Minuten-Techno-
Medizin doch irgendwie zusagt? War es Ihnen, als Sie vor*

Ihrem Arzt saßen, nicht auch recht, daß er so distanziert und sachlich war und sich mit dem wenigen, das Sie von sich preisgegeben haben, begnügt hat? Haben Sie nicht so manches absichtlich verschwiegen, weil es Ihnen peinlich war, und gedacht: »Das braucht er doch nicht zu wissen!«? Oder wollten Sie es gar vor sich selbst nicht wahrhaben?

Vielleicht wäre es Ihnen unangenehm gewesen, wenn Ihr Arzt nach den tieferen und eigentlichen Gründen Ihrer Krankheit geforscht hätte. Wie hätten Sie es zum Beispiel gefunden, wenn er Ihnen indiskrete und persönliche Fragen gestellt hätte, oder, als Sie die Ursache Ihres Leidens wissen wollten, geantwortet hätte, daß Sie es selbst herbeigewünscht oder verschuldet haben und daß es letztlich von Ihrem persönlichen Einsatz und Gesundungswillen – nicht aber von den Medikamenten – abhängt, ob Sie wieder gesund werden?

Hätte es Ihnen gefallen, wenn er Ihnen erklärt hätte, daß nicht irgendwelche fremden Erreger oder äußere Einflüsse Sie krank gemacht haben, sondern daß diese nur Begleiterscheinungen Ihrer negativen Emotionen, Selbstlügen oder unsinnigen Gewohnheiten, Ihrer Oberflächlichkeit, Ihrer Freudlosigkeit, Lebensverneinung oder Ihres Schicksalshaders sind? Was hätten Sie davon gehalten, wenn er Sie darauf hingewiesen hätte, daß die Leber meistens durch Ärger, Haß, Hetze oder Neid, der Magen durch Groll oder Gier, der Darm durch Besitzgier, Selbstmitleid oder Unaufrichtigkeit, die Lungen durch Kummer, Sorge oder Verbitterung, die Nieren durch Angst oder Enttäuschung, das Herz durch Selbstsucht oder Eitelkeit, die Geschlechtsorgane durch Lieblosigkeit oder Selbstverneinung, die Gelenke durch unharmonische Bewegungen, die Haut durch unterdrückte Aggressivität oder Selbstbeschuldigung krank werden, daß ein gestörter Blutdruck die Folge einer zu verkrampften oder zu distanzierten Haltung zum täglichen Leben ist, daß Krebs nur durch Selbstzerstörungswünsche so zerstörerisch wird und daß das Immunsystem durch Lebensverneinung und Schicksalshader außer Kraft gesetzt wird?

Wenn Ihnen dies klar würde, wüßten Sie, daß Ihre Heilung einen großen persönlichen Einsatz erfordert und nicht ohne »Läuterung« erreicht werden kann. Sie würden sich nicht mit Medikamenten oder Operationen begnügen, sondern vor allem versuchen, Ihre negativen Emotionen zu überwinden, schädliche Gewohnheiten abzulegen, jene Fehler, deretwegen Sie andere verurteilen, selbst nicht mehr zu machen, nachsichtig, großzügig und verständnisbereit zu sein und mehr auf die Bedürfnisse Ihres Körpers und Ihrer Seele zu achten.

Da wir nicht gewöhnt sind, unsere Probleme aus eigener Kraft zu lösen, Verantwortung für uns selbst zu übernehmen oder in unseren Schicksalsprüfungen einen Sinn zu suchen, ist es nicht verwunderlich, daß wirkliche Gesundheit so selten ist und daß wir meinen, unsere Krankheit sei Sache des Arztes. Wer ist schon bereit zu einer Fünf-Stunden, -Wochen, -Monate oder gar -Jahre-Therapie? »Fünf Minuten« müssen genügen! Die offizielle Medizin entspricht diesem Wunsch nach schnellem Vergessen und bequemem Leben. Sie gibt dem Patienten die Superdrogen, die ihm die Empfindung für seine Krankheit nehmen und operiert ihm all seine sichtbar gewordenen Unarten weg.

Viele Menschen meinen, ihre Gesundheit sei eine Selbstverständlichkeit, ein Grundrecht, für dessen Erhaltung der Staat sorgen müsse und für das ihnen weder große persönliche Anstrengungen noch finanzielle Opfer abverlangt werden dürften. Ihr sauer verdientes Geld sei dafür da, sich das Leben lebenswert zu machen, worunter sie Luxus, Besitz, Unterhaltung, Macht oder Vergnügungen verstehen. Daher hat die derzeitige Gesundheitspolitik, die den Menschen zum Massenfaktor und die Medizin zum Industriebetrieb macht, neben ihrer unheilvollen Grundtendenz noch einen positiven Nebeneffekt: Sie zwingt denjenigen, der wirkliche Gesundheit sucht, zur Selbstbehandlung auf eigene Kosten und Verantwortung.

Dabei wird ihm klar, daß seine Krankheiten keine Entgleisungen oder unerfreulichen Zufälle, sondern heilsame Korrek-

turen und hochsinnvolle Schicksalsphänomene sind. Unsere Seele befindet sich in einem Entwicklungsprozeß, der sie einem uns unbegreiflichen, »jenseitigen« Ziel entgegenführt. Dieses innere Wachstum ist der Sinn unseres Lebens. Wenn es behindert wird, wenn wir von unserem »Weg zum Heil« abweichen, schaltet die Seele gewissermaßen auf Alarm und baut in Form von Krankheiten Hindernisse auf, die uns wieder in die richtige Bahn zurückführen sollen.

Beobachten Sie einmal Ihre Krankheit. Was bewirkt sie in Ihrem Leben? Sie vereitelt Ihre unrealistischen Pläne, verdirbt Ihnen Ihre oberflächlichen Vergnügungen, zeigt Ihnen, wieviel Sinnlosigkeit in Ihrem Leben herrscht oder bringt Sie dazu, wieder einmal über sich selbst nachzudenken. Wollen Sie es nicht einmal so betrachten? Dann werden Sie auch Ihren Ärzten etwas kritischer begegnen und sich nicht mit Vertuschen, Unterdrücken oder Wegschneiden begnügen, sondern nach einem Weg suchen, auf dem Sie wieder »heil« werden können.

Krank zu sein bedeutet, gegenüber sich selbst, den Naturgesetzen, der Seele, der Wahrheit oder »Gott« ins Unrecht geraten zu sein. Deshalb geschieht es uns auch recht, wenn wir dafür leiden müssen. Wir brauchten ja nur auf unsere innere Stimme zu hören, die auf so vielfältige Weise zu uns spricht – durch Gefühle und Wahrnehmungen, Eingebungen und Erkenntnisse, durch Freude und Leid –, um zu einem gesunden und erfüllten Leben zu finden. Sie läßt uns zum Beispiel die Temperatur einer heißen Ofenplatte fühlen, damit wir uns nicht die Hände verbrennen, läßt uns Schmerzen im Magen empfinden, damit wir aufhören, uns zu ärgern, läßt uns unter unerfüllbaren Wünschen leiden, damit wir sie aufgeben, läßt uns unglücklich werden, wenn wir gegen uns selbst leben und läßt uns verzweifeln, wenn wir unser Schicksal ablehnen. Sie hat Sie durch Ihre Unzufriedenheit mit der Fünf-Minuten-Medizin auch daran erinnert, daß Ihnen ein Arzt, der Krankheiten für sinnlose Entgleisungen und die Seele des Menschen für eine Nebensächlichkeit hält, nicht viel helfen kann.

Der Kampf um den Segen

Den Sinn,
den wir verloren glaubten,
weil das Verständnis uns verlorenging,
gibt uns allein die Wirklichkeit
und nicht die Welt mit ihrem Schein:
woraus wir leben,
ist das Sein.

Warum, so fragt sich der Kranke, bin ich eigentlich krank, und welchen Sinn soll es haben, daß ich immer wieder leiden muß?

Hoffen wir wenigstens, daß er sich das fragt und sich nicht nur in kopfloser Panik zum nächsten Arzt begibt in der Erwartung, daß dieser alles wieder rückgängig macht, denn er wird erleben, daß das nicht möglich ist. Hoffen wir auch, daß ihn seine Frage daran erinnert, daß es diesen Sinn tatsächlich gibt. Wie aber soll er ihn finden, wenn nicht gerade in der Auseinandersetzung mit dem, was seine Sicherheit erschüttert und ihn zum Nachdenken gezwungen hat?

Die Wahrheit,
der du immer dich verschlossen,
wenn dir dein Schicksal schwere Wege wies,
sie ist der Quell, aus dem dein Leben sich ergießt.
Du mußt sie suchen,
auch in deinen dunklen Tagen,
denn was dir fehlt,
will sie dir sagen.

Je stärker wir uns an etwas klammern, sei dies nun eine Überzeugung oder ein Glaube, ein Besitz oder ein Mensch, die Gesundheit oder das Leben, desto stärker strebt es von uns weg. Unser Leben ist ein Prozeß ständiger Veränderung, denn nur so können wir uns entwickeln. Deshalb geraten wir, wenn wir Dauer statt Wandlung wünschen, in einen Konflikt mit ihm, und die Kraft, mit der wir uns gegen unser Schicksal sträuben, richtet sich gegen uns.

Die Wunde,
die das Leben dir geschlagen,
als du versuchtest, ihm zu widerstehn,
sie öffnet dich der großen Kraft,
die in dich strömen will und dich bewegen:
aus deinem Schmerz
erwächst dir Segen.

Liebe Frau . . ., lieber Herr . . .,

Einst kämpfte Jakob mit dem Engel Gottes. Sie rangen die ganze Nacht hindurch; schließlich renkte ihm der Engel die Hüfte aus und wollte gehen. Jakob aber ließ nicht ab und sprach: »Ich lasse dich nicht, du segnest mich denn.«

Sie befinden sich in einer ähnlichen Lage. Ihre Krankheit ist Ihnen in den Weg getreten und zwingt Sie, sich ihr zu stellen. Es gibt nur eines: den Segen zu erringen, der in dieser Situation für Sie liegt. Ihre Krankheit ist der Engel. Sie ist Ihnen geschickt, Sie müssen mit ihr ringen, und wenn es noch so schmerzlich ist, denn Sie sollen Sieger bleiben, gesegnet mit menschlicher Reife, tieferer Lebenseinsicht und größerer Kraft.

So geht es uns allen: Wenn wir vor einem Lebensproblem fliehen, den Kopf in den Sand stecken oder uns weigern, zu kämpfen, bleiben wir ungesegnet. Jeder hat darunter zu leiden, wenn er seine Aufgabe, die gleichzeitig seine Chance ist, nicht wahrgenommen hat, denn die Schwierigkeit, die uns den Weg versperrt, bleibt bestehen, und statt des Segens einer befriedigenden Lösung stellen sich Depressionen, Sinnlosigkeiten und Verzweiflung ein.

Es bleibt uns keine andere Wahl – wir müssen den Segen erringen, müssen zu innerem Frieden und einer positiven Haltung unserem Leben gegenüber finden. Wir waren unbewußt und haben uns deshalb vergangen; wir waren der Spielball von Kräften und Motiven, denen wir bei klarem Bewußtsein getrotzt hätten, und sind daher krank geworden. Der Engel hat uns aufgesucht, damit wir mit ihm in einem schonungslosen Kampf ringen und den Segen der Bewußtwerdung bekommen.

Darauf aber ist unser modernes Leben nicht ausgerichtet. Es wird von Oberflächlichkeit und Ablenkung beherrscht; es ist künstlich geworden, hat sich von der Unmittelbarkeit des Fühlens und Erkennens distanziert. Die Wirklichkeit, ob sie sich nun in Freude oder Schmerz, Glück oder Unglück, Gesundheit oder Krankheit ausdrückt, ist uns unverdaubar geworden, eine zu starke Kost. Wir können fast nur noch »entschärften« Ersatz vertragen. Wir leben aus der Illusion der Filme, der Schallplatten, der Künstlichkeiten, und die technische Medizin gibt sich mit Prothesen und manipulierten Zuständen zufrieden. Die Krankheit wird nur vertuscht, der Schmerz betäubt und die Seele abgeblockt. Aber der Engel kommt immer wieder.

Der Sinn unseres Lebens liegt ja nicht darin, daß wir eine bestimmte Anzahl von Jahren ohne Schwierigkeiten und Schmerzen absitzen. Nein, es geht um Höheres: um die Verwirklichung dessen, was in uns gelegt ist, um die Erfüllung unserer schicksalhaften Bestimmung, um die Erkenntnis der Wahrheit, der alles entspringt und die wir auch »Gott« nennen.

All dies könnten wir auch in dem Wort Freude zusammenfassen, denn die Freude ist es ja, aus der alles entsteht und auf die alles hinausläuft. Sie ist die Kraft des Lebens, sie ist der unmittelbare Ausdruck jener weltbewirkenden Macht, die jedes Ding mit Sinn erfüllt. Sie gibt uns Frieden und Vertrauen in unser Schicksal.

Sie hat allerdings nur wenig mit jener »Freude« zu tun, die wir bei der Befriedigung krankhafter Bedürfnisse wie zum Beispiel Vergnügungssucht, Besitzgier, Rachsucht, Eitelkeit oder Faulheit empfinden, oder mit jener Erleichterung, die über uns kommt, wenn wir den inneren Bankrott wieder einmal hinausgeschoben haben. Solche Freuden gleichen den Irrlichtern, denen der nächtliche Wanderer in einem unbekannten Moor *folgt: Für einen Moment erleichtern sie sein angsterfülltes Herz, weil sie ihn glauben machen, er habe den richtigen Weg gefunden, nach kurzer Zeit aber befindet er sich um so tiefer in der Irre.*

Freude, die in der Ablenkung von einer Frustration oder in der Betäubung eines Schmerzes besteht, kann uns die Wahrheit nicht erfahren lassen, da ihr kein tiefempfundener Sinn zugrundeliegt, kann uns nicht erheben und bereichern. Ähnlich ist es mit der Heilung. Wenn sie nur darin besteht, daß die Krankheit unterdrückt oder unsichtbar gemacht wird, kann sich keine echte Gesundheit einstellen.

Worte sind ungenügend, um das Wesen von Freude und Wahrheit auszudrücken. Unser Verstand ist zu klein dafür. Nur im unmittelbaren Fühlen können wir sie erfahren, und da uns gerade unsere Krankheiten und Lebensprobleme die intensivsten Gefühle vermitteln, bieten sie uns besonders große Chancen, zur Freude zurückzufinden.

Wir sind Wanderer im unwegsamen Gebiet der menschlichen Existenz. Irgendwo verläuft der Pfad, der uns ans Ziel bringt. Wer zeigt ihn uns? Niemand anderes als die Freude, dieser Engel mit dem seligen Antlitz. Würden wir ihm immer folgen, so fänden wir leicht durchs Leben. Doch auch, wenn wir abirren, indem wir gegen unser inneres Gesetz verstoßen und seelische oder körperliche Bedürfnisse vernachlässigen, verläßt er uns nicht. Allerdings zeigt er uns dann ein anderes Gesicht – das des Leides (das nur die Spiegelung unserer eigenen Freudlosigkeit und Unwahrhaftigkeit ist). Immer, wenn wir den Pfad der Krankheit und des Unglücks beschreiten, stellt sich uns unser »himmlischer Führer« mit der Fratze des Leides in den Weg und fordert uns zum Kampf heraus, der in Wirklichkeit ein Kampf gegen das Häßliche, Krankhafte und Unwahre in uns selbst ist.

Wenn wir dann beginnen, ehrlich zu werden, wenn wir wieder auf unsere innere Stimme achten, die durch unser Fühlen und Erkennen zu uns spricht, wenn wir wieder nach dem Sinn unseres Lebens suchen und von jener Richtung ablassen, die uns der Engel in Gestalt des Leides versperrt, so wandelt sich seine Erscheinung zu jener Freude, die immer der Begleiter auf dem richtigen Weg ist.

Ringen Sie mit ihm, kämpfen Sie mit sich, versuchen Sie alles, was Sie krank, böse oder unglücklich macht, abzuwerfen. Legen Sie eine innere Beichte ab (nur vor sich selbst, in aller Stille) und gestehen Sie sich Ihre Fehler, Ihre Schwächen, Ihre Lügen ein, damit Sie wissen, warum es Ihnen schlecht geht, und nehmen Sie sich vor, es in Zukunft besser zu machen. Erinnern Sie sich daran, wie Sie durch Ihre eigenen Lieblosigkeiten unglücklich wurden, und versuchen Sie, wieder ein warmes Herz zu bekommen, indem Sie barmherzig zu einem anderen sind.

In diesem Kampf um Segen und Lebensfreude werden Sie auf unerbittliche und starke Gegner treffen: Ihren Haß, Ihren Neid, Ihren Stolz, Ihre Rachsucht, Ihre Eifersucht, Ihre Selbstverurteilung, Ihr Selbstmitleid, Ihre Verbitterung, Ihre Angst und Ihre Lebensverneinung. Sie werden kämpfen müssen, bis Sie gesiegt haben, denn der Engel des Leides steht Ihnen im Weg. Wenn Sie zu fliehen versuchen oder die falsche Richtung weiterverfolgen, wird er sich an Ihre Füße heften und Ihnen wieder und wieder entgegentreten. Sobald Sie sich aber selbst überwunden haben, wieder Freude am Leben empfinden und Freundlichkeit verbreiten können, wird er Ihnen den Segen geben. Ob dieser dann körperliche Genesung oder seelischen Frieden bedeutet, weiß niemand vorher. Auf jeden Fall aber wird sich der Kampf gelohnt haben.

Eines Tages führt Sie der Weg Ihres Lebens durch das Tor des Todes. Vielleicht müssen Sie dann noch einmal mit dem Engel ringen. Dann wird sein Segen darin bestehen, daß Sie von Ihrem leidenden Körper befreit werden und zu einem freudvolleren Sein finden.

Verlust

Unter dem Einfluß eines Zeitgeistes, der sich hauptsächlich an der Äußerlichkeit orientiert, spielt das Besitzen eine überragende Rolle. Dabei bedeutet Besitz nicht nur Geld und Vermögen, sondern erstreckt sich auf alles, was Dauer hat oder haben soll, also auch bestimmte Formen menschlicher Beziehungen, feste Meinungen und Überzeugungen, Ruhm und Ehre, Tradition und Gesetz, Erinnerungen und Illusionen, Ziele und Pläne – alles, was sich erfassen und begreifen, messen und beweisen, vorzeigen und benützen, vor allem aber auch festhalten und verteidigen läßt. Verlust dagegen bedeutet Niederlage und Versagen, Unglück und Schicksalsschlag. Selbst das Leben wird in diese Kategorien eingeordnet, denn man kann es ja »besitzen« oder »verlieren«.

So richtig diese äußerliche und materielle Seite für uns ist, um in dieser irdischen Existenz Fuß fassen und bestimmte Entwicklungen durchlaufen zu können, so wichtig ist aber auch ihr Gegenpol: unsere transzendente, geistige, wandelbare und unfaßbare Seite. Unser Leben besteht im Zusammenwirken beider Tendenzen: Aufbau und Zerfall, Ruhe und Bewegung, Form und Formlosigkeit, Beständigkeit und Erstarrung. Wenn in diesen Wechselwirkungen kein Gleichgewicht herrscht, entsteht das Chaos.

Damit unser Leben harmonisch verläuft, müssen sich in ihm beide Komponenten in einem – individuell verschiedenen – ausgewogenen Verhältnis zueinander befinden. Wir müssen unseren beiden Seiten, der materiellen und der geistigen, der vordergründigen und der transzendenten, der rationalen und irrationalen in dem Maße gerecht werden, wie es in uns gelegt ist. Das kann für den einen Menschen ein mehr materiell orientiertes, für den anderen ein mehr spirituelles Leben bedeuten. Sobald aber eine von ihnen in ein Defizit gerät, sobald sie aus dem bewußten Gesichts- und Erkenntniskreis verdrängt wird, entstehen Spannungen.

In unserem heutigen Leben herrscht ein solches Ungleichgewicht, weil wir die rationale, materielle, »besitzende« Seite überbetonen. Man versucht, der Natur ihre letzten Geheimnisse zu entreißen, bemüht sich um die Überwindung von Krankheit und Tod und meint, man könne das Welträtsel in mathematischen und logischen Formeln erfassen. Man feiert die »Siege« über die Naturgewalt und kann im Tod nur Niederlage und Verlust erkennen. Daher bekämpft man ihn mit allen Mitteln und spricht ihm jede Berechtigung ab.

Jeder Mensch weiß, daß der Tod ein unabdingbarer Bestandteil unseres Lebens ist, ebenso wie der Verlust die Voraussetzung für Erwerb und Besitz. Dieses Wissen aber wird aus dem Selbstverständnis des modernen Menschen weitgehend verdrängt, so daß ihm sein eigener Tod oder der eines lieben Menschen ebenso sinnlos und unerwünscht erscheint, wie der Verlust seines Besitzes oder die Änderung bestimmter Lebensumstände. Er hält sich für berechtigt, darüber zu trauern, verfolgt andere, die es nicht tun, oder bekommt selbst ein schlechtes Gewissen, wenn es ihm nicht gelingt.

Diese Haltung kann er nur beziehen, weil er seine andere, transzendente und nicht am Irdischen hängende Seite unterdrückt. Da er sie nicht aus der Welt schaffen kann, muß er einen ständigen, starken Druck auf sie, und damit auch auf sich selbst, ausüben. In dem Augenblick aber, in dem sein Druck nachläßt, kehrt sie zurück und überflutet ihn mit der ganzen Gewalt, die er in ihre Unterdrückung investiert hat. Dann muß er das, womit er nie etwas zu tun haben wollte, mit besonderer Intensität durchleben. Statt der täglichen kleinen Änderungen und Verluste erlebt er dann, wie beim Bruch eines Staudammes, große Katastrophen und Schicksalsschläge. Unbewußt steuert ihn seine unterdrückte Seite hierauf zu, um das Gleichgewicht wiederherzustellen.

Zwar wird niemand von uns zustimmen, wenn man ihm sagt, daß er sein Unglück selbst gewollt und herbeigeführt habe, sondern tausend äußere Gründe dafür finden, doch wenn er dann unter dem Einfluß der Katastrophe beginnt, sich zu besinnen, wird er erkennen, daß das, was er bewußt will, nur ein Bruchteil dessen ist, was er wirklich tut, und daß innere Kräfte und Tendenzen ihn auf bestimmte Lebenswege führen, ob er sie nun »will« oder nicht. Und er wird feststellen, wie lebendig ihn sein Unglück macht, wie intensiv er wieder fühlen kann und welch ungeahnte Perspektiven es seinem an Sicherheit und Regelmäßigkeit gewöhnten Blick erschließt. Er kann erkennen, daß über seinem Schicksal eine höhere Ordnung waltet und endlich den aussichtslosen Kampf gegen sie aufgeben.

Andernfalls wird alles »umsonst« gewesen und die nächste, weit schlimmere Katastrophe schon einprogrammiert sein, damit der innere Entwicklungsschritt doch noch erfolgt. Wer hoch steigt, fällt auch tief; wer viel besitzt, verliert auch viel; wer nur siegen will, wird unter der Niederlage am meisten leiden; wer nur leben will, muß doppelt sterben. Die göttliche Ordnung kennt weder Besitz noch Verlust, weder Tod noch Leben. Sie schickt sie uns, damit wir sie als Illusionen unseres beschränkten menschlichen Verständnisses erkennen und darüber hinauswachsen.

Doch als du, Gott, mir alles nahmst,
da wurdest du mir erst bewußt.
Wenn wir besitzen, sind wir arm,
reich macht uns der Verlust.

Liebe Frau ..., lieber Herr ...,

alles, was wir in uns tragen, erleben wir auch in unserem äußeren Leben: die Liebe und den Haß, die Freude und die Frustration, den Frieden und den Konflikt. Deshalb leiden wir eigentlich immer nur unter uns selbst.

Wenn wir unausgeglichen sind, werden wir schnell jemanden finden, der uns ärgert; wenn wir aggressiv sind, wird es nicht lange dauern, bis jemand mit uns streitet, und wenn unser innerer Blick nur auf das Häßliche gerichtet ist, werden wir auch an unserer Umwelt nur das Häßliche sehen können.

Für alles, was uns mißlingt oder an Unerfreulichem widerfährt, kennen wir sofort eine Begründung oder einen Schuldigen. Wir selbst aber sind immer nur das unschuldige Opfer widriger Umstände oder schlechter Menschen. Diese Haltung ist nur zu verständlich, denn sie enthebt uns der schweren Verantwortung für unser Leben. Es ist ja erheblich leichter, zu klagen und sich selbst zu bemitleiden, als sich selbstkritisch mit dem Unglück auseinanderzusetzen und etwas daraus zu lernen. Wenn wir aber etwas daran ändern wollen (und das zeigt eigentlich die Tatsache, daß wir uns darüber beklagen), müssen wir bei uns selbst beginnen. Wir haben ja eine Motivation dafür: den Schmerz und das Unbehagen, auch Leidensdruck genannt.

Unser Lebensweg ist uns vorgegeben; wir müssen ihn gehen, ob wir wollen oder nicht. Zwar meinen wir immer wieder, wir hätten einen freien Willen und könnten nach eigenem Gutdünken über uns bestimmen (was unter einem bestimmten Ge-

sichtspunkt auch zutrifft), doch letzten Endes sind unsere Gedanken, Gefühle und Lebensäußerungen in ein unübersehbares Netzwerk verschiedenster Einflüsse und Umstände eingewoben, deren Zwang wir uns nicht entziehen können. Sie kommen aus dem Dunkel des Unbewußten und führen in das Ungewisse der Zukunft. Wenn wir uns aber unserer jeweiligen Lebenssituationen, unseres Handelns, Fühlens und Denkens soweit wie möglich bewußt werden und in ihnen einen Sinn finden können – uns damit identifizieren –, dann haben wir das Gefühl eines freien Willens (der in höherem Sinne eine Illusion ist, weil wir selbst ja nicht frei sind).

Es ist, wie wenn wir einen Wagen lenken: Solange wir der Straße folgen, geht alles gut. Unsere freie Willensentscheidung beschränkt sich darauf, der vorgegebenen Bahn so genau wie möglich zu folgen. Entspricht dieser Vorgang nicht unserem Leben? Wir bewegen uns auf einer Bahn, deren Anfang und Ziel uns unbekannt sind, deren Etappen und Richtungen wir nicht voraussehen können. Immer wieder treffen wir auf Unerwartetes und Unüberwindliches, immer wieder müssen wir die Richtung ändern, uns neu orientieren und jederzeit so wachsam und bewußt wie möglich der Straße unseres Schicksals folgen. Solange wir diese Kunst nicht beherrschen, finden wir nicht den inneren Frieden. Der Schmerz aber, den wir empfinden, wenn wir uns wieder einmal den Kopf angeschlagen haben, führt uns auf den rechten Weg zurück.

Meistens sind wir ja darauf eingestellt, an einer Richtung, die wir einmal eingeschlagen haben, an einer Überzeugung, Meinung oder Vorstellung, die wir gewonnen haben, für immer festzuhalten. Da unser Leben aber aus Wandel und Entwicklung besteht, müssen wir dabei zwangsläufig mit ihm in Kollision geraten. Immer wieder stehen wir vor unüberwindbaren Hürden, müssen wir, um weiterzukommen, etwas aufgeben: Pläne und Gewohnheiten, Sicherheiten und Besitz, Liebgewonnenes und scheinbar Unverzichtbares. Immer wieder wird uns das Opfer abverlangt, das uns erlöst.

Wertvoll sind aber nur die Opfer, die dem Herzen abgerungen sind. Und so stehen wir stets von neuem vor der Aufgabe, uns zu überwinden und gerade das herzugeben, was uns am teuersten ist. Nur so, im Verlust unseres wertvollsten Besitzes, verändert sich wirklich etwas in uns, denn etwas herzugeben, was wir ohnehin nicht besonders schätzen, berührt uns ja wenig. Unbewußt steuern wir immer wieder auf den Punkt zu, an dem uns die größten Verluste erwarten. Solange uns aber nicht bewußt ist, daß sie die Bedingung für unsere Erlösung sind, wehren wir uns dagegen.

Solange es Ihnen gelingt, alles, was Ihnen nicht gehört, zur gegebenen Zeit freiwillig wieder herzugeben, werden Sie unter seinem Verlust nicht zu leiden haben. Was aber gehört uns wirklich in diesem Leben und auf dieser Welt? Die Gesundheit, das Geld, der Ruhm, die Ehre, die geliebten Menschen, der Glaube, das Leben? Alles werden wir wieder verlieren, das wissen wir. Und – wir wollen es ausdrücklich hinzufügen – es ist gut so.

Wenn Ihnen dies nicht klar ist, werden Sie meinen, Ihr Schmerz rühre von der Tatsache her, daß Ihnen etwas genommen wurde. In Wirklichkeit aber verursachen Sie ihn selbst, weil Sie sich zu Unrecht gegen das unumstößliche Gesetz des Lebens sträuben und immer noch nicht wahrhaben wollen, was Sie unzählige Male erlebt haben.

Bei genauer Beobachtung können Sie nämlich feststellen, daß es Ihre Schmerzen oder Ihre Frustrationen, Ihre Enttäuschungen oder Hoffnungslosigkeiten sind, unter denen Sie leiden, nicht aber die äußeren Umstände, die sie auszulösen scheinen, denn wenn Sie sie anders sehen und mit offenem Herzen annehmen könnten, dann würden sie ja kein negatives Gefühl hervorrufen.

Negative Gefühle entstehen immer dann, wenn wir uns gegen die unabänderliche und letztlich unbegreifliche Wirklichkeit unseres Lebens sträuben, weil sie nicht unseren Vorstellungen und Wünschen entspricht. So lamentieren wir dann über das

Unrecht, fürchten uns vor dem Verlust, verlieren die Hoffnung auf das »Glück« oder trauern über das vermeintliche Unglück.

Wenn Sie aber lernen, die Verluste Ihres Lebens anzunehmen, so wie Sie auch seine Geschenke angenommen haben, freiwillig und ohne Vorbehalt, dann werden Angst und Schmerzen verschwinden, und Ihr Blick wird sich für das erweitern, was dahinter steht: jene Kraft, die alles bewirkt und die wir »Gott« nennen. Wo etwas genommen wird, wird auch etwas gegeben. Wie aber wollen Sie das Neue erkennen, wenn Ihr Blick tränenüberströmt das Vergangene sucht? Wie soll Ihr Herz Freude empfinden, wenn es von Trauer und Schmerz vergiftet ist? Befreien Sie es von dem, woran es hängt, damit es frei schlagen kann.

Oder gehören Sie zu jenen Menschen, die ihr Glück an Bedingungen knüpfen, zum Beispiel daß die Krankheit verschwunden, das Zerstörte wiederhergestellt oder das Verlorene zurückgegeben sein müßte? Dann allerdings ist es kein Wunder, daß Sie verzweifelt und hoffnungslos sind, denn Sie wissen ja nur allzu gut, daß sich das Rad des Lebens nicht zurückdrehen läßt. Wenn es Ihnen wirklich um Glück oder inneren Frieden geht, dann öffnen Sie Ihr Herz, ohne Vorbehalte und Bedingungen, jetzt und sofort. Sehen Sie sich um, hören Sie in sich hinein, erlauben Sie der Freude, in Ihnen aufzusteigen, ganz egal, wie es außen aussieht. Sie können immer Freude empfinden, Sie können immer etwas Schönes sehen und einen Sinn in Ihrem Leben finden, wenn Sie nur wollen.

Dazu brauchen Sie weder Geld noch eine bestimmte Situation, weder eine Sache noch einen Menschen, ja nicht einmal das, was Sie sich momentan am stärksten wünschen. Sie haben immer sich selbst, und Ihre Gefühle entstehen in und aus Ihnen. Sie sind Ihre Verbindung zu dem, was Ihre kleinlichen Wünsche und Träume überdauert und Ihnen überhaupt die Fähigkeit zur Freude verliehen hat. Welchen Namen Sie ihm geben, spielt keine Rolle, denn es ist allgegenwärtig und die Voraussetzung Ihrer Existenz.

Versuchen Sie, sich Ihrem Leben und Erleben voller Vertrauen hinzugeben und aufzuhören, ihm Bedingungen zu stellen. Im Äußeren werden Sie niemals etwas finden, was nicht bereits in Ihrem Inneren vorhanden ist.

Trauern Sie nicht, weil Sie Ihre Gesundheit verloren haben. Klagen Sie nicht, wenn Sie Ihren Besitz verlieren! Verzweifeln Sie nicht, wenn Ihnen ein geliebter Mensch genommen wird. Gerade weil Sie sagen: »Auf alles könnte ich verzichten – nur auf dies nicht!« – gerade deshalb müssen Sie es hergeben, damit Ihr Opfer von Wert ist. Geben Sie es freudig, denn von diesem Moment an hindert es Sie daran, glücklich zu sein.

Vergessen Sie nicht: Niemand von uns kann beurteilen, was letztlich richtig oder falsch ist. Folgen Sie vertrauensvoll den Zeichen auf Ihrem Lebensweg und bemühen Sie sich um Wahrhaftigkeit, Offenheit und Bewußtheit. Sie brauchen nur darauf zu achten, was Sie niederdrückt (oder besser: auf welche Weise Sie selbst das tun), um zu wissen, welche Richtung falsch ist. Wenn Sie dem Weg Ihres Schicksals ohne Widerstreben folgen, werden Sie schneller und heiler an jenes Ziel kommen, auf das alles zuläuft. Wenn Sie aber leiden müssen, dann haben Sie wenigstens die große Chance, daraus zu erkennen, daß Sie eine falsche Richtung eingeschlagen haben und sich in Ihrer inneren Haltung gegen Ihr Schicksal und Gott vergehen. Das wird Sie läutern und verändern.

Glauben

Glauben oder Nichtglauben, so lautet immer wieder die Frage, wenn wir an die Grenze unseres rationalen Selbstverständnisses geraten. Wir stehen dem Unbegreiflichen unserer Existenz gegenüber, das sich wie ein Abgrund auftut und uns schwindeln macht; wir erleben etwas, was wir nicht verstehen und eigentlich für unmöglich halten; wir fühlen, daß die Kraft zur eigenverantwortlichen Gestaltung unseres Lebens erschöpft ist und wir uns einer höheren Ordnung unterwerfen müssen.

Der aufgeklärte Zeitgenosse reagiert darauf mit Abwehr. Er schreitet nicht voran in das Ungewisse, das ihn ängstigt, sondern versucht es zu verdrängen, das heißt ungesehen und ungeschehen zu machen. Er nennt die Bereitschaft, etwas Unverständliches zu akzeptieren, Aberglauben und betrachtet sie als einen Primitivismus, der eines intelligenten und kritischen Menschen unwürdig sei. Sein logisch abgesichertes Weltbild gleicht einer Stadt mit einer starken Mauer inmitten eines feindlichen Gebietes. Was er hier drinnen nicht verwerten kann, wirft er nach draußen, hoffend, daß es damit aus der Welt geschafft sei. So bleibt er eingeschlossen und unfähig, seinen Horizont zu erweitern.

Andere wiederum schützen sich mit den Scheuklappen ihres vermeintlichen Glaubens, der jedoch in Wirklichkeit nur das intensive Begehren nach Erfüllung bestimmter Wünsche darstellt. Sie meinen, wenn sie stark genug »glauben«, dann könnten sie sich die Realität ihres Lebens untertan machen oder, wie es heute heißt, die Kräfte ihres Unterbewußtseins für Glück oder Erfolg einsetzen.

Sie alle erkennen nicht, daß sie im Grunde genommen nur die Angst vor der Unberechenbarkeit ihres Lebens bannen wollen. Der Rationalist hofft darauf, der Natur endlich ihr Geheimnis entreißen und sein Geschick durch die Kraft seines Verstandes lenken zu können, und der krampfhaft Glaubende meint, er könne dies, indem er die Kraft seiner Wünsche auf ein bestimmtes Ziel richtet. Und so müssen sie immer wieder erleben, daß eine unvorhergesehene Katastrophe oder ein »Zufall« alles zunichte macht oder daß Gott doch nicht so gut ist, wie sie es mit aller Kraft glaubten.

Gerade in Lebenskrisen und schweren Krankheiten wird diese Angst besonders deutlich. Der eine flüchtet zur technisch-wissenschaftlichen Medizin, die ihm die Illusion von der Manipulierbarkeit des Lebens vermittelt, und der andere überantwortet sich dem Dämon blinden Glaubens und Hoffens. Wenn aber das Leben ihn erneut an den Abgrund führt, weil sich alle Bemühungen als erfolglos erwiesen haben, dann geraten sie in Verzweiflung. Wieder stehen sie an dem Punkt, an dem sie seinerzeit begannen, und wieder haben sie die Chance, sich entweder hinter die Mauer ihrer schützenden Vorstellungen und Wünsche zurückzuziehen oder den Schritt ins Ungewisse zu wagen, der ihnen den wahren Glauben vermitteln kann.

Dieser Schritt geht nach innen, dorthin, wo alles Wissen wie in einem unergründlich tiefen See liegt. Jeder von uns trägt es in sich, jeder von uns hat unzählige Male erlebt, daß seine Hoffnungen, Erwartungen und Wünsche zusammenbrachen, daß er plötzlich im unbekannten Niemandsland einer sich radikal ändernden Lebenssituation stand und daß dennoch sein Leben weiterging. Im Grunde wissen wir, daß wir unserem Leben sein Geheimnis weder durch scharfes Nachdenken noch durch intensives Wünschen entreißen können. Solange wir aber jene unbegreifliche Ordnung, die den Gang unseres Lebens bestimmt, »Zufall«, »Chaos« oder »Nichts« nennen, solange wir meinen, nur das sei existent, was wir mit den beschränkten Gaben unseres Verstandes erfassen, können wir nicht jenen Sinn finden, der uns über die Vordergründigkeit dieses kurzen Lebens hinausführt.

Die Gewißheit, in eine größere Ordnung eingebettet zu sein, verbindet uns mit unserem »göttlichen« Ursprung. Weil diese Gewißheit sich rational nicht beweisen läßt, nennen wir sie Glauben. Solcher Glaube ist jedoch etwas anderes als das blinde, angsterfüllte, krampfhafte Festklammern an Heilserwartungen oder Dogmen. Er ist das Wissen um die göttliche Natur des Menschen und gibt uns die Sicherheit und Kraft, unserem Schicksal mit unbeirrbarem Optimismus zu folgen und in den unerwarteten und ungewollten Prüfungen unseres Lebens mehr zu sehen als sinnloses Mißgeschick.

Wer weiß, daß er nicht verlorengehen kann und daß alles, was ihm begegnet, seinen ihm jetzt noch unverständlichen Sinn hat, wer weiß, daß er nur ein kleiner Bestandteil dieser ihm erkennbaren Welt ist und dennoch unmittelbaren Anteil an allem hat, wer weiß, daß der Tod eine Wandlung ist und nicht das endgültige Ende, wer weiß, daß Himmel und Hölle, »Gott« und Teufel nur die verschiedenen Aspekte ein und desselben sind, versucht nicht, vor seinem Schicksal zu fliehen. Sein Glaube läßt ihn getrost der Zukunft mit ihren vielleicht schweren Prüfungen entgegensehen, denn er weiß ja, daß alles, was ihm widerfährt, so sein muß, und daß die Hölle, die er erlebt, nur auf der Starrheit seiner

Vorstellungen und der Unbedingtheit seiner Wünsche beruht. Je schwerer ein Mensch unter seiner Krankheit leidet, desto dringender muß er wieder zu dieser inneren Gewißheit zurückfinden. Wir brauchen nicht den Glauben, daß wir geheilt oder gerettet werden, sondern das Wissen, daß alles, was wir erleben, seine Richtigkeit hat.

Liebe Frau . . ., lieber Herr . . .,

Sie meinen, man müsse an die Medikamente glauben, damit sie wirken. Das ist richtig, aber es bedeutet weder Aberglauben noch Einbildung, wie jene Menschen behaupten, die ein mechanisches und materielles Weltbild besitzen und nur das anerkennen, was meß-, sicht- und beweisbar ist. Es kommt aber nicht so sehr darauf an, daß Sie an die Wirkung der Medikamente glauben und sich auf diese Weise in eine positive Erwartungshaltung versetzen, sondern daß Sie überhaupt in der Lage sind, an irgend etwas zu glauben.

Glauben heißt allerdings nicht, sich an Wünsche, Illusionen oder Sicherheiten zu klammern oder zu hoffen, daß sich das Leben so entwickeln werde, wie man selbst es für richtig hält. Nein, es bedeutet, Vertrauen in den unbegreiflichen Gestalter unseres Schicksals zu haben, der uns bis zum heutigen Tag geführt hat und es auch in Zukunft tun wird, und zu wissen, daß jene Ordnung, die wir in unseren »guten« Zeiten als richtig empfinden, ihre Richtigkeit auch in den »schlechten« behält.

Wenn wir dieses Vertrauen verloren haben und statt dessen zu Sklaven unserer Wünsche, Überzeugungen, Vorstellungen und Ängste zu werden drohen, führt uns unsere Seele über kurz oder lang in eine Katastrophe, die — wie der Name besagt — alles auf den Kopf stellt und wieder zurechtrückt. Dann entpuppen sich mit einem Mal die großen Erwartungen, die sicheren Pläne, die festen Überzeugungen, ja selbst unser vermeintlicher »Glaube« als Irrtum und Selbstbetrug, und wir stehen mit leeren Händen vor den Trümmern eines sinnlos gewordenen Lebens. Dann müssen wir uns wieder auf die Suche nach etwas machen, das auch dieser Prüfung standhält und uns die Kraft zum Weiterleben gibt.

Vergeuden Sie Ihre Kraft nicht mit sinnlosem Schicksalshader, mit Jammern, Selbstmitleid oder unrealistischen Wunschvorstellungen. Stecken Sie den Kopf nicht in den Sand, indem Sie an irgendwelche Therapien glauben, die Ihre Krankheit wie einen bösen Spuk vertreiben, indem Sie sich auf Statistiken verlassen, die vielleicht für Sie gar nicht gelten, indem Sie sich von Ihren Ärzten entmündigen und zu Behandlungen überreden lassen, die Sie eigentlich ablehnen. Kümmern Sie sich vielmehr zunächst um das Wichtigste: um Ihren inneren Frieden. Im Grunde Ihres Herzens wissen Sie doch, daß alles so kommen wird, wie es kommen muß, und daß es letztlich stets das richtige ist. Ihr Leben hängt nicht von irgendwelchen Ärzten, Medikamenten oder Therapien ab, sondern liegt in den Händen dessen, der es Ihnen gegeben hat. Suchen Sie Abstand zu diesem gedankenlosen und gehetzten Treiben, in das man Sie jetzt zu ziehen versucht, lassen Sie sich nicht durch Greuelprognosen, die doch nur kleingeistige Spekulationen sind, verunsichern, und vergessen Sie nicht, daß Sie, wenn es Ihnen bestimmt ist, auf jeden Fall wieder gesund werden – mit oder ohne Therapie.

Denken Sie daran, daß der Tag kommen wird – vielleicht ist es schon morgen –, an dem Sie die Frucht Ihres Lebens ernten müssen, und sorgen Sie dafür, daß sie auch jetzt reift. Fassen Sie Vertrauen in Ihr Schicksal, das Ihnen mit dieser Krankheit ein wohlwollendes Zeichen gegeben hat. Dann werden Sie für alles bereit sein und Ihre Angst verlieren. Angst ist Ablehnung, Krampf und Verneinung; Glaube aber ist Bereitwilligkeit, Friede und Bejahung. Er beginnt dort, wo die Wünsche enden. Versuchen Sie, Ihr Leben so zu nehmen, wie es tatsächlich kommt, dann wird alles, was Sie erleben, zu wahrem Leben, dann werden Sie auch im Dunkel das Licht nicht aus den Augen verlieren und im Unglück den Sinn finden können.

Gerade jetzt neigen Sie ja zu der Meinung, daß etwas falsch gelaufen sei, daß Ihre Krankheit Ihr Leben wertlos gemacht habe. Ist das aber die Wahrheit? Überlegen Sie einmal: Wollten Sie wirklich die Uhr zurückstellen oder Ihren derzeitigen Bewußtseinszustand (zu dem übrigens auch Ihre Krankheit beigetragen hat) gegen einen früheren eintauschen? Wollten Sie auf all jene Prüfungen und schweren Stunden, die Sie bisher durchlebt haben, jetzt und nachträglich verzichten? Wollten Sie mit irgendeinem anderen Menschen tauschen und dafür alles, was Sie sind und erreicht haben, aufgeben? Ich habe noch niemanden getroffen, der dies wollte. Also sind wir im tiefsten Grunde doch immer irgendwie mit unserer Existenz zufrieden. »Die Menschen sind unglücklich, weil sie nicht wissen, daß sie glücklich sind.« So steht es bei Dostojewski. Seien Sie nicht unglücklich, sondern freuen Sie sich über all das Positive, das auch Ihr Leben ausmacht! Fürchten Sie sich nicht, denn Sie besitzen doch eine unsterbliche Seele!

Wenn Sie Vertrauen gewonnen haben, dann können Sie auch an Ihr Medikament glauben, weil Sie wissen, daß jene Instanz, die alles bestimmt, mit seiner Hilfe die Heilung Ihres Körpers oder das Heil Ihrer Seele fördern wird. Lassen Sie sich durch Ihre Freunde, Bekannten oder Ärzte, die immer so genau zu wissen meinen, was richtig für Sie ist, nicht irremachen. Wer von ihnen kennt schließlich den Grund und das Ziel Ihrer Krankheit? Wer weiß schon, was in Ihnen vorgeht und was Sie wirklich brauchen? Sie allein können es finden. Es ist das, was Ihnen den inneren Frieden zurückgibt und Sie der Zukunft getrost entgegensehen läßt. Glauben Sie an Ihr Medikament, weil Sie wissen, daß der Weg, auf dem es Ihnen gegeben wurde, der richtige für Sie ist. Glauben Sie an den Sinn in allem, weil Sie ihn schon so oft erfahren haben. Glauben Sie an sich selbst, weil Sie mehr sind als ein Häufchen vergänglicher Materie.

Angst vor dem Tod

Wenn wir ein Problem aus dem Bereich unseres Bewußtseins verdrängen, statt uns ihm zu stellen, beherrscht es uns um so nachhaltiger aus dem Unterbewußten. So geht es dem modernen Menschen auch mit dem Tod. Er fürchtet ihn so sehr, daß er ihn aus seinem täglichen Leben verbannt und sich mit allen ihm zur Verfügung stehenden Mitteln gegen ihn abzusichern versucht. Gerade dadurch aber wird der Tod für ihn zum furchterregenden Ungeheuer, das es ihm unmöglich macht, in Freiheit zu leben und in Frieden zu sterben.

Die moderne Medizin spielt dabei eine wesentliche und traurige Rolle. Statt dem Menschen Vertrauen in die Heilkraft des Lebens zu vermitteln und ihm zu helfen, seinem natürlichen Ende in Würde und Gelassenheit zu begegnen, versucht sie, es unter Inkaufnahme unmenschlicher Quälereien so lange wie möglich hinauszuzögern. Weil sie den Tod als sinnlose Panne und den Menschen als eine Anhäufung vergänglicher Materie betrachtet, hat sie einen großen Teil ihrer Menschlichkeit verloren und kann dem hilfesuchenden Kranken in seiner schweren Zeit nur unpersönliche Maßnahmen und kalte Technik anbieten. Ihr Ideal, ihm menschlich zu dienen, ist dem Dogma seelenloser, dafür aber wissenschaftlich korrekter Therapien zum Opfer gefallen. Da Dogmen aber auf einer Verneinung der Realität beruhen, sind sie gerade für den kranken Menschen das reinste Gift, denn er hat ja die harmonische

Beziehung zur Wirklichkeit seines Lebens verloren und müßte, um wieder heiler zu werden (was übrigens auch einen friedlichen Tod bedeuten kann), zu ihr zurückfinden, müßte sie irgendwie zu verstehen und anzunehmen lernen.

Angst tritt immer dann auf, wenn wir uns gegen etwas, was wir für unangenehm halten (sei es in der Realität oder nur in der Einbildung), sträuben. Solange wir den Tod nicht ebenso selbstverständlich nehmen wie unser Leben, macht er uns Angst. Dann sehen wir ihn als sensenschwingendes Gerippe, als das Ende von allem oder den Anfang furchtbarer Höllenqualen: und versuchen natürlich, ihm zu entrinnen. Unser Todesbild ist aber nur die Spiegelung unseres Lebensbildes, das heißt: Jeder malt sich den Tod so aus, wie er sein Leben empfindet. Wenn er Angst vor dem hat, was ihm sein Leben bringen wird, dann hat er sie auch vor dem Tod; wenn er sein Leben als sinnlose Quälerei empfindet, wünscht er natürlich, daß eines Tages alles zu Ende sei; wenn er sich ständig vor den schweren Prüfungen seines Lebens drückt, fürchtet er nicht ganz zu Unrecht, daß er sie »in der Hölle« nachholen muß. Daß es aber auch den gnädigen, den sanften Tod, die Erlösung und die Wandlung gibt, kann er sich dann gar nicht vorstellen.

Wem es aber gelingt, dem Tod gegenüber ein positiveres Verhältnis zu bekommen, wird feststellen, daß er dadurch gleichzeitig besser und freier leben kann. Und umgekehrt: Wer in seinem Leben den inneren Frieden finden kann, wird es auch in seinem Sterben. Seine Angst vor dem Tod schwindet in dem Maße, wie er die Angst vor dem Leben verliert. Dies aber kann er nur, wenn er lernt, es in all seinen Gegebenheiten und schweren Aufgaben ohne Angst, Groll und Hader, ohne Jammern und Selbstmitleid anzunehmen.

Liebe Frau ..., lieber Herr ...,

der Tod Ihres Bekannten hat Sie schwer erschüttert. Er kam plötzlich und unerwartet und hat Ihnen Angst vor dem eigenen Tod gemacht. Sie sind verunsichert, können nicht mehr richtig schlafen; Ihre Gedanken kreisen ständig um das vermeintlich Unfaßbare. Ihre Krankheit hat dadurch ein anderes Gesicht bekommen; Sie wollen die Angst, die in Ihnen herrscht, die Schmerzen und Beschwerden, die sich plötzlich eingestellt haben, loswerden. Sie wollen, daß Ihr Leben wieder in gewohnten Bahnen verläuft und Ihre innere Sicherheit und Ruhe zurückkehrt.

Doch da dieses Problem nun einmal so hautnah aufgetaucht ist – warum wollen Sie ihm gleich ausweichen? Warum wollen Sie sich nicht mit Ihrer Erschütterung auseinandersetzen? Versuchen Sie doch einmal, der Spur nachzugehen, die Ihnen da sichtbar geworden ist. Ihre Unruhe und Panik zeigen Ihnen ja nur etwas, was an anderen Tagen auch in Ihnen ruht, nur eben nicht wahrgenommen: die Angst vor dem Tod.

Sie sehen, schon ein Ereignis, das Sie gar nicht direkt getroffen hat, kann Ihnen Ihre Ruhe rauben und Sie in Schrecken versetzen. Wollen Sie diese Erkenntnis jetzt wieder nach unten drücken? Wollen Sie weiterhin diese untergründige Angst in sich tragen?

Der Tod eines nahestehenden Menschen erinnert uns an seine Allgegenwärtigkeit. Memento Mori! ruft er uns zu: Denk daran, daß du sterblich bist! Vergiß den Tod nicht, wenn du lebst! Vergiß nicht die andere Seite deiner Existenz und sei

173

dir klar, daß du, solange der Tod für dich ein Schreckgespenst ist, solange du nicht jederzeit bereit bist, zu sterben, auch nicht wirklich leben kannst.

Wie wollen Sie Ihr Leben genießen oder ihm einen Sinn abgewinnen, wenn die Angst vor seinem Ende Ihnen schon jetzt den Spaß daran verdirbt? Wie wollen Sie sich am Besitz von irgend etwas erfreuen, wenn Sie von der Aussicht gelähmt sind, es eines Tages wieder zu verlieren? Ihr Wunsch, daß alles ewig dauern und nichts verlorengehen möge, bedeutet in Wirklichkeit, daß Sie sich gegen das Schicksal stellen. Er bringt Ihnen nur Schmerzen und Leid. Er hindert Sie daran, das Positive in Ihrem Leben zu sehen und dabei selbst positiv zu werden.

Versuchen Sie, so viel Sie wollen, sich von jener Seite Ihres Lebens, die Tod heißt, zu distanzieren: Er läuft dennoch unabweisbar neben Ihnen her, wie Ihr Schatten – ob Sie ihn beachten oder nicht. Besser wäre es, Sie nähmen ihn zur Kenntnis, dächten über ihn nach, würden etwas vertrauter mit ihm, so daß Ihre Angst vor ihm schwindet. Er ist Ihnen jetzt fremd, doch wenn Sie ihn nicht ständig zu ignorieren versuchen, werden Sie sich an ihn gewöhnen.

Es bleibt uns gar keine andere Wahl: Wir müssen den Tod akzeptieren wie das Leben – dieses rätselhafte Phänomen, das wir auch nicht verstehen. Wir wissen nicht, woher wir kommen und wohin wir gehen. Wir kennen den wirklichen Sinn unserer Existenz nicht. Nur ein wenig wissen wir darüber: daß es beginnt und endet; daß in uns ein Gesetz wirkt, von dessen Befolgung sein Sinn abhängt.

Ihr Bekannter ist tot. Sie sind es nicht. Doch natürlich könnten auch Sie es sein. Warum erschrecken Sie so sehr bei diesem Gedanken? Warum können Sie sich nicht ohne innere Panik vorstellen, selbst sterben zu müssen – nicht irgendwann einmal, in weiter Ferne, sondern jetzt oder demnächst? Was ist denn daran so schlimm? Wir wissen doch gar nichts über den Tod. Weshalb soll er denn schrecklich sein? Gibt es nicht auch genügend positive Aussagen darüber?

Wie auch immer: Tatsache ist, daß wir ihm nicht ausweichen und ihn nicht vorhersagen können. Tatsache ist aber auch, daß Sie jetzt leben, trotz dieses Wissens, und daß Sie in der Lage sein müssen, Ihr tatsächliches und todesbedrohtes Leben sinnvoll zu gestalten oder auch zu genießen. Sonst ist alles umsonst.

Schließen Sie nicht gleich die Augen, stecken Sie nicht den Kopf in den Sand, wenn das Wort Tod fällt. Verbannen Sie nicht jeden Gedanken an ihn aus Ihrem Leben, sondern versuchen Sie, zu verstehen, warum Sie jetzt in eine solche Panik geraten sind. Sie können dabei Ihrer Angst gewahr werden und sich darum bemühen, sie zu überwinden – nicht dadurch, daß Sie sich impfen lassen, einen Sicherheitsgurt anlegen, Leibwächter anstellen oder sich ablenken, sondern dadurch, daß Sie versuchen, Ihr unausweichliches Schicksal, wie auch immer es aussehen mag, zu akzeptieren und sich bewußt zu machen, daß in ihm ein Sinn liegen muß, auch wenn er Ihren Verstand übersteigt.

Wenn es uns gut geht, wir Glück haben, fällt es uns nicht ein, uns über unser Schicksal zu beschweren. Glück und Freude lassen wir uns gern bescheren, aber kaum verdüstert sich der Himmel, kaum tritt ein Problem, eine Krankheit oder ein »Unglück« in unser Leben, kaum werden wir an den Tod erinnert, sträuben wir uns. Doch es nützt ja nichts, und obendrein ruft diese Ablehnung jene Angst hervor, die uns nicht nur das Sterben, sondern auch das Leben unmöglich macht.

Sie sind nicht der einzige Mensch, der eine Krankheit in sich herumträgt, von der man in den medizinischen Büchern lesen kann, daß sie – unter ungünstigen Umständen – tödlich ausgehen kann. Wir alle tragen sie in uns. Sie ist Bestandteil unseres Lebens, das ja selbst tödlich endet. Natürlich müssen wir uns um Glück und Gesundheit bemühen, gleichzeitig aber müssen wir für alles bereit sein, selbst für Krankheit und Tod.

Versuchen Sie nicht, vor Ihrer Angst davonzulaufen, sondern setzen Sie sich mit ihr auseinander. Fühlen Sie sie, denn sie ist ein Gefühl. Durchleben Sie sie. Nur so können Sie erkennen, was sie bedeutet; nur dadurch kann Ihnen bewußt werden, was sie bedeutet und wodurch Sie sie hervorrufen. Angst ist Verneinung. Sie wissen doch: In dem Moment, in dem man bereit ist, auf alles zu verzichten, in dem man das, woran man sich geklammert und worum man gekämpft hat, aufgibt, kehrt eine »himmlische« Ruhe ein. Wenn Sie nichts mehr zu verlieren haben, sind Sie frei. Wenn Sie bereit sind, alles loszulassen, wenigstens jetzt einmal in Ihren Vorstellungen, wenn Sie sich darum bemühen, eine solche Haltung in Ihrem täglichen Leben zu praktizieren, dann wird der Tod einen großen Teil seines Schreckens verlieren. Ihre jetzige Situation zeigt, daß es Ihnen noch nicht gelingt – wenigstens in Gedanken –, aufzugeben, was Ihnen nicht gehört.

Das können Sie auch an den Kleinigkeiten Ihres täglichen Lebens erkennen, zum Beispiel, wenn es darum geht, eine Position, einen finanziellen Vorteil oder einen Besitz aufzugeben oder wenn Sie sich vielleicht von einem Tier oder gar einem lieben Menschen trennen müssen. Was ist die Ursache Ihres größten Schmerzes? Beobachten Sie sich genau. Es ist die Tatsache, daß Sie nicht bereit sind, wieder herzugeben, daß Sie sich daran klammern und meinen, Sie hätten ein Recht darauf, es auf immer zu behalten.

Natürlich wissen Sie, daß es nicht so ist und daß am Ende unserer irdischen Existenz in seinen vielfältigen Erscheinungsformen stets der Verlust und der Tod stehen. Doch dieses Wissen ist nur theoretisch. Ihr Verstand akzeptiert es und geht damit um wie mit einem Rechenexempel. In Ihrem Inneren aber haben Sie es nicht akzeptiert. Dort herrscht die krampfhafte Hoffnung, daß der Kelch doch an Ihnen vorbeigehen und der Tag X nicht eintreten werde. Dort entsteht die Angst, und von dort werden Sie tyrannisiert. Sie sollten sich diesem Bereich mehr zuwenden und versuchen, Klarheit hineinzubekommen und Ihre Gefühle zu verstehen.

Sie sind mit einem existenziellen Problem konfrontiert worden und haben gesehen, daß Sie ihm nicht gewachsen sind. Bereits der Gedanke an den Tod hat Sie erschüttert. Wie aber soll es sein, wenn er tatsächlich eines Tages auf Sie zutritt? Werden Sie ihm dann nicht noch weniger gewachsen sein? Da unser Leben auf ihn zuläuft, ist es erforderlich, sich in kleinen Schritten, Tag für Tag, darauf vorzubereiten, ständig zu lernen, nicht nur zu ergreifen und zu besitzen, sondern auch herzugeben und abzulassen. Der Verlust ist ja die andere Seite unserer Existenz. Er repräsentiert das Jenseits, in dem wir nichts von irdischer Qualität besitzen. Er ist die große Freiheit, denn Besitz belastet und verpflichtet.

Warum sträuben wir uns dagegen, daß etwas zu Ende geht? Kommt es nicht daher, daß wir das, was wir haben, gar nicht richtig besitzen und in seiner Tiefe durchleben können? Kommt unsere Gier nach unendlichem Leben nicht daher, daß wir es nicht verstehen, wirklich zu leben? Wir leben jetzt und denken gleichzeitig voller Angst an den Tod. Und so sind wir weder tot, noch leben wir wirklich. Es ist ein Zustand, der uns quält. Er durchzieht unser ganzes Leben und hat Sie zum Beispiel jetzt in Schwierigkeiten gebracht. Doch wir müssen beides zugleich: kämpfen und nachgeben, planen und offenlassen, leben und bereit sein, zu sterben. Gleichzeitig sind wir im Diesseits und im Jenseits, gleichzeitig haben wir ein Wissen von unserer Existenz und begreifen sie doch nicht. In diesem scheinbaren Konflikt vollzieht sich unsere Bewußtwerdung.

Der Tod Ihres Bekannten hat Sie daran erinnert, daß er auch der Ihre ist. Er will sich Ihnen bemerkbar machen, denn Sie haben ihn aus dem Blickfeld Ihres täglichen Lebens verbannt. Er hat Ihnen Schmerzen bereitet, damit Sie nicht gleich wieder wegsehen, sondern sich auch, und vermehrt, dieser Seite Ihrer Existenz zuwenden. Ein problemloses, leichtes und gesundes Leben zu führen, finden wir richtig. Doch Krankheiten, Leiden und Tod zu durchlaufen erscheint uns sinnlos und unerträglich. Dennoch müssen wir es. Also müssen wir auch lernen, nicht daran zu verzweifeln.

Ein Mensch ist gestorben. Ist das ein Unglück für ihn? Wer will es beurteilen? Versuchen Sie nicht, das Rätsel Ihres Lebens in den Rahmen Ihres beschränkten Verstandes zu pressen und sagen Sie nicht von etwas, das geschehen ist, es dürfe nicht sein. Versuchen Sie jetzt, da alles noch ungefährlich ist, da Sie nicht todkrank sind und es so aussieht, als würden Sie noch lange leben, sich mit dem Gedanken an den Tod anzufreunden, ihn wenigstens in Ihrer Vorstellung zu akzeptieren, in einen inneren Dialog mit ihm zu treten und sich um die Bereitschaft zu bemühen, alles, was Sie haben – Ihr Leben eingeschlossen –, jederzeit auf- und zurückzugeben. Und wenn es Ihnen gelingt, zu dem Wissen vorzudringen, daß wir in eine höhere Ordnung eingebettet sind und nicht aus ihr herausfallen können, dann werden Sie ruhiger werden.

Jene Instanz, die uns unsere guten Tage gibt, schickt uns mit der gleichen Umsicht und Intelligenz auch die schweren. Wenn uns das irgendwie klar wird, können wir uns ihr anvertrauen und uns wie in einem fahrenden Zug irgendwohin führen lassen. Wie auch immer Sie es drehen oder wenden – Sie kommen nicht daran vorbei, wenn Sie nicht in Angst und Verzweiflung geraten wollen. Es bleibt Ihnen nichts anderes übrig, als zu der tief in Ihnen liegenden Gewißheit vorzudringen, daß alles doch einen Sinn hat, auch wenn Sie es noch nicht verstehen; daß es doch irgendwohin führt, auch wenn Sie es noch nicht sehen können, und daß der Tod nicht schlechter sein kann als das Leben.

Als Mensch sterben

Ein kahles, schmuckloses Zimmer, ohne Möbel, Blumen oder Bilder, ein Stahlbett, umgeben von Apparaten und Infusionsgestellen, Schläuchen und Meßgeräten, grelles, schattenloses Licht, alles in Grau oder Weiß. In dem weißbezogenen Bett ein Objekt, auf das ein Gewirr von Schläuchen und Kabeln zuführt, ein Objekt, das von seiner Gestalt her an einen Menschen erinnert. Was wie ein Gesicht aussieht, hat eine bläuliche Farbe; von Zeit zu Zeit hört man ein Röcheln.

Ein Alptraum, eine Vision, ein schlechter Scherz? Nein, es ist das Sterbezimmer eines modernen Menschen in einer modernen Klinik. Das Objekt ist tatsächlich ein Mensch: Seine Arme sind gefesselt, damit er seine Infusionskanülen und die Nasensonde nicht herausreißt; auf seiner Brust sind Elektroden befestigt, und unter seiner Bettdecke kommt ein Dauerkatheter hervor. Um ihn herum geisterhafte Gestalten, in steriles Weiß gekleidet, sachlich, beherrscht, interessiert und distanziert.

Natürlich ist dieses Bild nicht repräsentativ für jede Klinik, und natürlich gibt es überall mitfühlende Ärzte, Schwestern und Pfleger, aber eine gewisse Ähnlichkeit hat das Sterben in den meisten Kliniken doch. Es ist zu einem sachlichen Vorgang geworden, der signalisiert, daß nun nichts mehr zu machen ist und der Tod doch noch über Technik und Wissenschaft gesiegt hat. Vielleicht kann man noch ein Organ zur Transplantation gewinnen.

Ist es da verwunderlich, daß heutzutage immer mehr Menschen in ihrer Brieftasche einen Zettel mit der Aufschrift tragen: »Im Falle eines Unfalles wünsche ich nicht, auf einer Intensivstation behandelt oder wiederbelebt zu werden!«?

Liebe Frau . . ., lieber Herr . . .,

darf ich Ihnen eine rhetorische, vielleicht aber doch berechtigte Frage stellen? Rhetorisch ist sie deshalb, weil die Antwort schon im voraus feststeht, und berechtigt, weil über ihre Problematik viel zu selten nachgedacht wird. Die Frage lautet: »Wollen Sie, statt zu Hause in Ihrem eigenen Bett einen friedlichen und natürlichen Tod zu sterben, Ihr Leben lieber in einer fremden Klinik, umgeben von fremden Menschen und von Apparaten, Infusionskanülen und Sonden gequält, beenden?«

Diese Frage ist vielleicht etwas überspitzt, doch sie sollte in einer Zeit, in der es üblich geworden ist, unter Einsatz aller verfügbaren Mittel um das Leben eines Sterbenden zu ringen, doch öfter gestellt werden. Man darf ja heutzutage nicht »einfach« sterben, an einer »normalen« Krankheit, an der Sepsis, dem Koma, dem Schlaganfall, dem Herzversagen, der schweren Verletzung. Nein, die moderne Medizin ist in der Lage, den Tod eines Menschen immer weiter hinauszuzögern, mit komplizierten Apparaten und heroischen Eingriffen. Der Tod ist ihr Feind, und sie bekämpft ihn mit allen Mitteln.

Aber sie tut dies auch im Einverständnis und Auftrag derer, die letzten Endes darunter zu leiden haben: der Patienten. Statt sich innerlich auf einen menschenwürdigen Tod vorzubereiten, versucht der heutige Mensch, sein Ende immer weiter hinauszuschieben. Er zahlt für einen kleinen Aufschub fast jeden Preis, läßt sich operieren und quälen, betäuben und verstümmeln. Statt seine letzten Stunden bewußt und in Frieden zu durchleben, opfert er sie der Hektik von Noteingriffen und Intensivmaßnahmen. Doch nicht wenige von denen, die dies alles durchlaufen haben, gestehen am Ende doch, daß sie, wenn sie gewußt hätten, was auf sie zukäme, gerne darauf verzichtet hätten, und wünschen sich, schon längst gestorben zu sein.

Viele werden aber auch von ihren Angehörigen und Ärzten um einen guten Tod betrogen, wenn sie auf deren Veranlassung noch schnell ins Krankenhaus geschafft werden oder »ohne Rücksicht auf Verluste« wiederbelebt werden. Hände weg von den Sterbenden! möchte man ihnen zurufen. Laßt ihnen ihren Frieden, ihr menschenwürdiges Ende!

Meint ihr wirklich, ihr tut jemandem etwas Gutes, wenn ihr sein Ende noch einmal um Tage oder Wochen hinauszögert, ihn mit Apparaten oder Operationen quält, ihn zwingt, als Krüppel weiterzuvegetieren? Ihr braucht euch nur zu fragen, ob ihr selbst das wolltet, braucht euch nur selbst da liegen zu sehen, während man eure Seele daran hindert, den Körper zu verlassen, während man euch intubiert, tracheotomiert, defibrilliert, thorakotomiert, punktiert oder sonstwie malträtiert. Wenn ihr handeln würdet, wie ihr selbst eines Tages behandelt werden wolltet, hätte es der euch anvertraute Sterbende sicher besser! Hände weg von den Sterbenden! Sie sind immer noch Menschen und verdienen Respekt! Sie sind keine seelenlosen Objekte, in die man brutal Sonden, Kanülen oder Schläuche einführen, die man mit Stromstößen attackieren oder zu Transplantationszwecken vorsehen darf.

Und: Was ist denn so schlimm daran, wenn ein Mensch stirbt? Ist er wirklich nur ein Häufchen Materie, ohne unsterbliche Seele, das verweht wie der Staub und das deshalb nicht sterben darf? Seid ihr Nihilisten und Materialisten, die ihr meint, eines Tages sei alles vorbei und vergessen, denn wirklich absolut sicher, daß es so sein wird? Der Tod ist ein Mysterium, eingebettet in das große Weltgeheimnis. Er ist uns ebenso unbegreiflich wie unser Leben. Deshalb müssen wir ihm den gleichen Sinn zugestehen wie unserem Leben, an dem wir mit so großer Hingabe hängen.

Abgeschoben

Die Pflege eines kranken Menschen ist eine schwere Aufgabe, besonders wenn er seine einfachsten Bedürfnisse nicht mehr selbst besorgen kann. An ein sauberes, reibungslos funktionierendes Leben gewöhnt oder in einen das Letzte fordernden Beruf eingespannt, fühlt sich mancher von uns überfordert, wenn ein Familienmitglied plötzlich pflegebedürftig wird. Zudem sind viele familiäre Beziehungen von Feindschaft geprägt, die sich im Laufe eines Lebens mit all seinen Mißverständnissen, Unzulänglichkeiten und Verletzungen entwickelt hat. Und nun soll man plötzlich seinen Haß, seinen Groll, seine Rachegefühle überwinden und dem Menschen, der einem bisher das Leben vergällte, Freundlichkeit entgegenbringn, soll auf die Bequemlichkeit eines wohlgeordneten Lebens verzichten und statt dessen tägliche Mühsal auf sich nehmen? Eine fast übermenschliche Tat, die man nur in einem grandiosen Über-sich-Hinauswachsen vollbringen könnte.

So schafft man sich denn die Last vom Hals und den Pflegebedürftigen ins Pflegeheim, wo er es, wie alle Beteiligten bestätigen, viel besser hat. Dort bekommt er alles, was ein kranker Mensch benötigt: dauernde Überwachung, fachmännische, medizinische Betreuung und gutes Essen. In seiner jetzigen Lage braucht er ja vieles von dem nicht mehr, was er als normaler Mensch so sehr geschätzt hat: die gewohnte Umgebung, die heimelige Atmosphäre, seine selbstverständlichen und kleinen menschlichen Kontakte, das Gefühl, zu Hause zu sein. Da er nur so dahindämmert, kann es ihn doch gar nicht stören, daß er auf einmal mit anderen Kranken das Zimmer teilen und sich von wildfremden Menschen in seinen persönlichsten Verrichtungen helfen lassen muß. Hauptsache, er wird gewaschen, gebettet, gefüttert. Und daß er mit leiser Stimme den Wunsch äußert, wieder heimzukommen, kann nur eine nicht ernstzunehmende Sentimentalität sein.

Sicher wäre mancher in der geduldigen und liebevollen Pflege durch eine Schwester oder in der ruhigen Umgebung eines Heims besser aufgehoben, als in der feindlichen Atmosphäre einer unharmonischen Familie oder bei widerwilliger Versorgung durch Angehörige. Oft aber ist auch das Personal in einem Pflegeheim durch zu viel Arbeit menschlich überfordert und hat keine Kraft mehr zu persönlicher Zuwendung; oft leben Pflegepersonen in ihren hilflosen Patienten unbewußt ihre Machtgelüste aus und schikanieren sie, wenn sie sich ihnen nicht völlig unterwerfen. Selbstverständlich ist dies nicht die Regel, doch wer hinter die Kulissen menschlicher Beziehung zu sehen gelernt hat, weiß, wie wenig Liebe in ihnen herrscht. Wir lernen von klein auf, wie man sich verhalten muß, um akzeptiert zu werden, aber unser wahres Gesicht kommt erst in den Ausnahmesituationen und Schicksalsprüfungen zutage.

Es ist für manchen wirklich sehr schwer, seinen pflegebedürftigen Angehörigen, eventuell bis an dessen Ende, zu versorgen. Aber jeder sollte sich, wenn das Schicksal diese Aufgabe an ihn heranträgt, doch fragen, ob er es wirklich nicht schaffen könnte. Vielleicht muß er dafür auf manches verzichten, aber er kann ja auch viel dabei gewinnen: wichtige Erkenntnisse über sich, neue Perspektiven für sein Leben, die Fähigkeit, seine negativen Haltungen zu überwinden oder vielleicht ein gutes Gewissen.

Wir erleben im Äußerlichen immer nur das, was wir in uns tragen, und werden von unserer Umgebung auch nur so behandelt, wie wir selbst mit ihr umgehen. Vielleicht kommt der Tag, an dem auch wir auf die Hilfe durch jemanden angewiesen sind; dann werden wir nichts anderes zurückbekommen, als das, was wir gegeben haben. Hoffen wir, daß es ihm nicht nur eine widerwillig absolvierte Pflicht sein wird; hoffen wir, daß wir dann nicht abgeschoben werden, oder besser: tun wir etwas dafür; nützen wir die Chance zur Entwicklung menschlicher Eigenschaften, damit wir selbst in ihren Genuß kommen; versuchen wir, angesichts der Hilflosigkeit des anderen großmütig zu sein und ihm all das nachzusehen, was er uns angetan hat, als er noch seine Kraft besaß. Geben wir unserem Leben eine neue Nuance: die des Opfers, des freiwilligen Verzichts um eines höheren Wertes willen.

Lieber Herr ...,

ich weiß nicht, ob Sie wirklich kein Gefühl dafür haben, wie es ist, einsam und abgeschoben sterben zu müssen. Sie meinen, Ihre Frau merke ohnehin nicht, was mit ihr geschehe, da sie seit Tagen nur noch mit geschlossenen Augen dahindämmert. Doch selbst, wenn es so wäre: Lassen Sie sich an Ihre Menschenpflicht erinnern und sich fragen, ob Sie eines Tages auch so enden wollten.

Wenn Sie aber in der Krankheit Ihrer Frau, mit der Sie so viele gute Jahre verbracht haben, nicht nur Unannehmlichkeit und Unglück sehen können, werden Sie vielleicht doch noch ein Gefühl für ihre und Ihre Situation entwickeln. Unser Leben ist ja eine nicht abreißende Folge von Aufgaben und Prüfungen, in denen wir über das Alltägliche und Vergängliche (oder uns selbst) hinauswachsen sollen. Also bedeutet auch die Krankheit mehr als nur ein Ärgernis, das schnellstmöglich aus der Welt geschafft werden muß. Sie ist die Chance zur persönlichen Bewährung.

Die Krankheit eines Menschen betrifft nicht nur ihn, sondern auch alle, die mit ihm zu tun haben. Wir alle sind berührt und können nicht so tun, als ginge sie uns nichts an. Das Leben hat uns wieder einmal ein Problem in den Weg gelegt, mit dem wir fertigwerden müssen. Ihre Frau ist jetzt in ihrer Hilflosigkeit auf jene Menschen angewiesen, die ihr wohlgesonnen sind. Ich weiß, daß oft gerade langjährige Ehepartner aufgrund vielfacher Zwänge und menschlicher Unzulänglichkeiten im Laufe ihres Lebens zu Feinden werden, doch selbst in diesem

Fall wäre jetzt eine Gelegenheit für eine menschliche Geste. Wenn ein Mensch hilflos geworden ist, hat er ein Recht auf Hilfe.

Natürlich bedeutet die Pflege eines hilflosen Menschen große Belastungen und Opfer, doch wenn Sie einmal genau überlegen, was Sie dafür opfern und was Sie bekommen, fällt Ihnen die Entscheidung vielleicht nicht so schwer. Bereichern die Annehmlichkeiten, auf die Sie jetzt verzichten müssen – der Urlaub, das Geld, die Vergnügungen, das Hobby –, Sie wirklich so sehr, daß Sie dafür Ihrer Frau das Recht auf ein menschenwürdiges Ende vorenthalten können? Ist es nicht denkbar, daß Sie dafür vielfach entschädigt werden, weil Ihr Leben einen Sinn bekommt und Sie es lernen, Opfer zu bringen? Und – hat es Ihre Frau verdient, abgeschoben und gefesselt sterben zu müssen?

Sicher, es gibt viele Gründe dafür, ihr die Hände festzubinden: damit sie die Infusion und Nasensonde zur künstlichen Ernährung nicht wegreißt, damit sie ruhig auf ihrem aufgelegenen Rücken liegen bleibt und damit sie insgesamt keine Last für das Pflegepersonal ist. Für unsere moderne Medizin ist der Mensch ja allzu oft nur ein Behandlungsobjekt; sie vergißt häufig, daß es für ihn nicht darauf ankommt, mit aller Gewalt am Leben erhalten, sondern vielmehr in seiner Würde respektiert zu werden. Betrachten Sie nur einmal, wie ein Patient in einer Intensivstation aussieht oder wie er bei einem Notfall behandelt wird. Da ist er meistens nur noch ein Etwas, ohne Würde und Wert, das hilf- und willenlose Objekt von Spezialisten und Technikern, die nur eines im Auge haben: diesen Menschen, dessen Seele bereits den Körper verlassen hat, am Sterben zu hindern oder sogar »wiederzubeleben«. Welch seelenlose Kunst!

Natürlich wird Ihnen niemand einen Vorwurf machen, daß Sie Ihre Frau ins Pflegeheim gegeben haben, denn wer denkt nicht dabei gleichzeitig an sich und sichert sich schon einmal im voraus ab? Sie aber werden sich eines Tages, wenn sie jämmer-

lich und in der Fremde gestorben ist, obwohl sie ein Zuhause hatte, doch die Frage stellen müssen, ob Sie das Ihre getan haben. Ihre innere Stimme wird Ihnen die Antwort geben und gibt sie Ihnen schon heute. Hören Sie auf sie.

Retten Sie Ihre Frau – nicht indem Sie dafür sorgen, daß sie unter Anwendung aller technischen Tricks am Sterben gehindert wird, gefesselt und künstlich ernährt, entmündigt und fremden Menschen ausgeliefert, sondern indem Sie ihr das zurückgeben, was sie am liebsten wollte, ihr Zuhause und ihren Frieden. Wenn es ihr bestimmt ist, wird sie dort in Ruhe sterben können. Oder aber sie wird in ihrer heimischen Umgebung wieder den Lebensmut bekommen, den sie in der Fremde verloren hat.

Falls sie stirbt, weil ihre Zeit abgelaufen ist, wird es genauso gut sein, als wenn sie noch eine Zeit lang Ihre Pflege in Anspruch nimmt. Wenn Sie Ihr Opfer freiwillig bringen, wird es Sie bereichern. Es wird Ihnen den Blick für etwas öffnen, das Sie bisher nicht kannten, und der Friede, den Sie ihr gegeben haben, wird auch bei Ihnen einkehren.

Verzweifle nicht, mein armes Herz

Verzweifle nicht, mein armes Herz,
da du in dieser schweren Stunde
so brennst in deinem großen Schmerz
und mir nichts bist als eine Wunde!

Zerbrich mir nicht, mein armes Herz,
in deinem angstvoll-wehen Schlagen.
Du wußtest doch seit Anbeginn:
auch diese Prüfung mußt du wagen.

Hab keine Angst, mein armes Herz,
du bist ja niemals hier verloren:
In dieser rätselhaften Welt
ist nichts für sich allein geboren.

So sei doch still, mein armes Herz,
und öffne dich dem großen Frieden.
Wenn du es willst, dann wirst du sehn:
trotz allem ist dir Glück beschieden.

Erhebe dich, mein armes Herz,
zu lang hast du im Schmerz gelegen;
steig aus der Hölle deiner Wünsche
empor zu deines Schicksals Segen.

Verlag Hermann Bauer · Freiburg im Breisgau

Götz Blome

Wirf ab, was dich krank macht

213 Seiten; gebunden; ISBN 3-7626-0358-8

Dieses Buch ist keine theoretische Abhandlung, sondern die Frucht täglicher Lebenserfahrung und jahrelanger Beobachtung. Ihm liegt die Erkenntnis zugrunde, daß nicht das Leid, sondern die Freude der Sinn des Lebens ist, und daß jeder, obwohl er seinem Schicksal ausgeliefert ist, in seiner Bewußtwerdung, seiner Suche nach Wahrheit und Klarheit eine gewisse Chance hat, sie zu finden. Dazu muß alles, was dieser Freude im Wege steht und den Menschen leiden läßt, unbestechlich auf seinen Wahrheitsgehalt überprüft und entweder aus dem Leben entfernt oder in einem anderen freudvolleren Licht gesehen werden.

Dabei geht es vor allem um die Grundlagen des Selbstverständnisses und Weltbildes, um Vorstellungen und Ideale, Moral und Überzeugung, um den Glauben und um das Bild, das jeder von sich selbst hat. Jedes ehrliche Bewußtwerden der Wirklichkeit trägt dazu bei, den Konflikt mit dem Leben, der die Ursache des Leidens ist, zu lösen. Was man einmal als richtig erkannt hat, läßt einen nicht leiden, sondern bereichert und erhebt den Menschen. Hinter dem Leiden steckt meist die Weigerung, die Dinge so zu nehmen, wie sie sind, und sie als richtig zu akzeptieren.

Verlag Hermann Bauer · Freiburg im Breisgau

Verlag Hermann Bauer · Freiburg im Breisgau

Götz Blome

Mit Blumen heilen

Die Blütentherapie nach Dr. Bach

4. Auflage, 360 Seiten; gebunden; ISBN 3-7626-0289-1

Krankheiten mit Blumen oder Blüten heilen zu wollen, erscheint dem aufgeklärten Zeitgenossen als naive Spielerei oder Aberglauben. Er ist an die Behandlung mit »wirksamen« Medikamenten, Operationen und Apparaten gewöhnt und kann sich kaum vorstellen, daß eine so einfache Methode, wie die von Dr. Edward Bach entwickelte Blütentherapie, ernstzunehmende Heilungen bewirken könne. Doch Bach gab gerade deswegen seine renommierte Londoner Arztpraxis auf, weil er ein Verfahren suchte, das dem eigentlichen Wesen der Krankheit gerechter würde als die bisher bekannten Therapien.

Die von ihm entwickelten Heilmittel, die nach einem unkomplizierten Verfahren aus wild wachsenden Blumen und Baumblüten hergestellt werden, unterdrücken oder bekämpfen nichts, sondern geben der natürlichen und gesunden seelischen Anlage ihre Entfaltungskraft zurück und verdrängen so das Krankhafte. Für jeden der von ihm beschriebenen krankhaften Seelenzustände entdeckte er die speziell wirkende Blüte.

Diese so ungefährliche und angenehme Heilmethode wird in diesem Buch ausführlich, unter besonderer Berücksichtigung ihres geistigen Hintergrunds, beschrieben. Verschiedene Menschentypen werden in Form einer persönlichen Anrede dargestellt, so daß sich der Leser selbst darin erkennen kann. Es wird kaum einen Leser geben, der sich nicht angesprochen fühlt, denn wer ist schon frei von seelischen Schwächen oder Spannungen?

Verlag Hermann Bauer · Freiburg im Breisgau